추천의 글

"이런 제목을 단 책은 그런 신실함을 생활과 사역으로 몸소 보여주는 사람이 써야 마땅하다고 생각한다. 이 책에는 우리가 새겨들어야 할 유익하고 도전적이며 큰 울림을 주는 외침이 담겨 있다."

알리스터 베그(Alistair Begg)
오하이오주 차그린 폴스, 파크사이드 교회 담임 목사

"정확하고 솔직하며, 단도직입적이고 고무적이며, 선명하고 단순하다. 존 맥아더는 언어로 하나의 자화상을 선보인다. 바울에게서 그리스도의 모습을 볼 수 있듯이 이 신실한 사역자에게서도 그리스도의 모습이 보인다. 존 맥아더는 본의 아니게 이 책으로 자신의 자서전을 쓰고 있다."

마크 데버(Mark Dever)
워싱턴 DC 캐피톨힐 침례교회 목사, 9Marks Ministries 대표

"이 책은 새벽 소나기처럼 상쾌함을 선사하며 찬란한 하루의 모험을 예감할 때처럼 흥미진진함을 불러일으킨다. 이 책을 읽고 그리스도의 더 충성스러운 종이 되고 싶다는 마음이 생기지 않는다면 조심하라."

싱클레어 B. 퍼거슨(Sinclair B. Ferguson)
리폼드 신학교 조직신학 교수, 리고니어 사역팀 교육 담당
『온전한 그리스도』(디모데 역간) 저자

"오랜 인내로 복음 사역을 하는 데 꼭 필요한 본질적 진리를 일깨워주는 귀중한 책이다."

스티븐 J. 로슨(Steven J. Lawson)
OnePassion Ministries 대표, 마스터스 신학교 설교학 교수,
리고니어 사역팀 교육 담당

"존 맥아더는 사도 바울의 사역을 통해 목회 생활이라는 거친 폭풍우를 헤쳐나갈 때 굳건한 반석에 닻을 내리는 것이 얼마나 중요한지 보여준다."

콘래드 음베웨(Conrad Mbewe)
카브와타 침례교회 목사, 잠비아 루사카 소재 아프리카 기독교 대학교 총장,
『Pastoral Preaching』 저자

"목회자에게 지혜의 보고가 되는 책이며 진정한 모든 복음 사역자에게 힘이 되는 책이다. 사역자라면 모두 이 책을 읽어야 하며 미래의 사역자들 역시 이 책을 읽어야 한다. 신실한 사역자라면 모두 이 책을 귀하게 볼 것이다."

R. 앨버트 몰러(Albert Mohler Jr.)
남침례교 신학교 총장

"성경에서 길어올린 존 맥아더의 통찰은 이 지상을 살아가는 동안 계속 마음에 되새겨야 할 메시지를 담고 있다."

이안 H. 머레이(Ian H. Murry)
Banner of Truth Trust 설립자, 『조나단 에드워즈 삶과 신앙』(이레서원 역간) 저자

"이 책은 성경적 근거가 확고하며 읽기에 쉽고 깊이가 있다. 간결하면서도 많은 것을 생각하게 하는 매력적인 책으로 바울 사도가 남긴 믿음의 유산을 토대로 한다. 일단 손에 들면 마지막 장까지 단숨에 읽어내려갈 것이다."

미구엘 누네즈(Miguel Núñez)
도미니카 공화국 산토 도밍고 국제침례교회 담임목사,
Wisdom & Integrity Ministries 설립자

"이 책은 하나님의 양 떼를 돌보며 때를 얻든지 못 얻든지 오직 하나님의 영광을 위해 하나님의 말씀을 선포하는 사람들에게 꼭 맞는 책이다. 장로들과 신학생들과 모든 연령대의 목회자에게 추천한다."

버크 파슨(Burk Parsons)
플로리다주 샌포드 성 안드레 채플 담임목사, 〈TableTalk〉 편집장

"끝까지 견디며 주 안에서 흥왕하고자 하는 목회자라면 그냥 지나칠 수 없는, 문화를 거스르는 소중한 교훈과 새겨들어야 할 바울의 지혜가 돋보이는 책이 여기 있다."

마이클 리브스(Michael Reeves)
유니온 신학대학 학장이자 교수

"그레이스 커뮤니티 교회에서 반세기를 사역한 존 맥아더의 일생 자체가 이 책의 제목을 충분히 보증하고도 남는다. 이 책은 삶으로 신실한 사역의 모범을 직접 선보인 저

자가 주님께 끝까지 충성하도록 목회자에게 호소하는 요청이다."

데릭 W. H. 토마스(Derek W. H. Thomas)
사우스 캐롤라이나주 콜롬비아 제일침례교회, 리폼드 신학교 조직 신학과
목회신학 교수, 『Strength for the Weary』 저자

"그리스도의 사역자들이 이 책을 읽는다면 성경 말씀을 통해 흔들림 없이 하나님의 부르심을 감당하고자 하는 진정한 용기와 힘을 얻을 것이다. 방대한 분량의 어떤 책보다 이 작은 책자에 더 강력한 성경의 진리가 담겨 있다."

폴 데이비드 워셔(Paul David Washer)
HeartCry Missionary Society 대표, 『현대 교회를 향한 10가지 기소장』,
『복음』, 『회심』, 『확신』(이상 생명의 말씀사 역간) 저자

목회, 흔들림 없이 신실하게

Remaining Faithful in Ministry: 9 Essential Convictions for Every Pastor
Copyright © 2019 by John MacArthur
Published by Crossway
a publishing ministry of Good News Publishers
Wheaton, Illinois 60187, USA

This Korean translation edition © 2020 by Timothy Publishing House, Inc., Seoul, Republic of Korea.
Published by arrangement with Crossway through rMaeng2, Seoul, Republic of Korea.
All rights reserved.

이 한국어판의 저작권은 알맹2 에이전시를 통하여 Crossway와 독점 계약한 (주)도서출판 디모데에 있습니다.
신 저작권법에 의하여 한국 내에서 보호받는 저작물이므로 무단 전재와 무단 복제를 금합니다.

사역의 길을 지키는 9가지 원리
목회, 흔들림 없이 신실하게

1쇄 발행 2020년 11월 10일

지은이 존 맥아더
옮긴이 김진선
펴낸이 고종율

펴낸곳 주) 도서출판 디모데 〈파이디온선교회 출판 사역 기관〉
등록 2005년 6월 16일 제 319 – 2005 – 24호
주소 서울특별시 서초구 서초대로 141-25(방배동, 세일빌딩 8층)
전화 마케팅실 070) 4018-4141
팩스 마케팅실 031) 902-7795
홈페이지 www.timothybook.com

값 10,000원
ISBN 978-89-388-1663-4 03230
ⓒ 주) 도서출판 디모데 2020 〈Printed in Korea〉

사역의 길을 지키는
9가지 원리 ——— 목회, 흔들림 없이
신실하게

존 맥아더 지음
김진선 옮김

차례

서론 · *11*

1장 _____ **새 언약의 우월성에 대한 확신** · *33*

2장 _____ **사역은 자비라는 확신** · *47*

3장 _____ **순결한 마음의 필요성에 대한 확신** · *57*

4장 _____ **말씀을 신실하게 선포해야 할 필요성에 대한 확신** · *67*

5장 _____ **결과는 하나님께 속한 것이라는 확신** · *77*

6장 _____ **자신의 무가치함에 대한 확신** · *89*

7장 _____ **고난의 유익에 대한 확신** · *99*

8장 _____ **용기의 필요성에 대한 확신** · *109*

9장 _____ **장차 받을 영광이 이 세상의 어떤 영광과 비교할 수 없다는 확신** · *119*

서론

나의 직계 혈족으로 4세대 조상은 모두 목회자로서 성실하게 주님을 섬긴 분들이다. 특히 이 중 두 분(나의 아버지와 할아버지)은 내가 태어났을 때 전임 사역자로 섬기고 계셨다. 변함없이 그리스도를 섬기는 두 분의 모습은 내게 영원히 지워지지 않을 영향을 주었다.

할아버지는 내가 어릴 때 암으로 돌아가셨다. 더는 설교를 하실 수 없을 정도로 병이 위중해지시기 직전까지 '천국의 기록'이라는 제목으로 설교를 준비하시던 할아버지의 모습이 기억에 생생하다. 임종을 앞두시고 마지막 원고를 끝끝내 설교하지 못했다는 사실을 못내 아쉬워하셨다. 아버지는 할아버지 장례식 때 설교 원고를 복사해서 조문객에게 나누어주셨다. 이렇게 해서 할아버지는 천국에서 천국에 대한 설교를 하신 셈이었다.

아버지는 91세를 일기로 돌아가실 때까지 한결같은 신실함으로 주님을 섬기셨다. 나는 그런 아버지를 지켜보며 일생 신실하게 사역을 감당하는 목회자가 어떤 모습인지 눈으로 보고 배웠다. 아버지는 헌신적 목회라는 풍성한 유산을 물려주셨다. 아버지가 내게 미친 영향은 말로 다 할 수 없다.

내가 신학교에 입학하자 아버지는 찰스 리 파인버그(Charle Lee Feinberg) 박사님에게 나를 소개해주셨다. 당시 히브리어, 유대 역사, 구약학에서 복음주의 계열의 세계적 권위자로 인정받는 분이었다. 파인버그 박사님은 정통 유대인 가정에서 자랐고 랍비 수업을 받았지만 기독교로 개종하셨다. 고고학과 셈 어족에서 박사 학위를 받았고, 성경에 대한 사랑이 누구보다 각별했다. 그분은 내게 큰 관심을 기울여주셨다. 신학교 시절 그분의 수업과 격려는 내게 너무나 소중한 경험이었다.

이렇게 탁월한 실력을 갖춘 멘토를 많이 둔 덕분에 나는 사역을 준비하는 데 크나큰 도움을 받았다. 그분들 모두에게 많은 빚을 졌다. 나의 스승들에게 그리고 그들이 가르쳐주신 모든 교훈에 대해 깊이 감사드린다.

그러나 내게 가장 큰 영향을 미친 목회 사역의 모델이 누구냐고 묻는다면 조금도 주저하지 않고 사도 바울이라고 말할 것이다. 사역 초창기에 나는 그가 보여준 탁월한 사역 모범에 매료되었다. 나는 항상 나 자신을 바울의 제자인 디모데의 입장이라고 생각하며 바울에게서 배우고 그를 본받고자 최선을 다했다(종종 나의 실패로 좌절하기는 했지만). 특히 그가 보여준 용기, 성실함, 그리스도를 향한 간절한 사랑 그리고 세상의 배척과 외면을 기꺼이 감당했던 모습이 큰 도전으로 다가왔다.

바울이 성령의 영감을 받고 우리에게 남겨준 모든 말씀 중에서 내 가슴에 특별히 선명하게 각인된 본문은 디모데후서 4장 6-8절이다. 이 본문은 기록으로 남은 바울의 말씀 중 복음을 전하다가 죽음을 당하기 전에 마지막으로 쓴 믿음의 선언이다. "네 직무를 다하라"(5절)는 말로 디모데를 격려한 직후 그는 이렇게 말한다.

"전제와 같이 내가 벌써 부어지고 나의 떠날 시각이 가까웠도다 나는 선한 싸움을 싸우고 나의 달려갈 길을 마치고 믿음을 지켰으니 이제 후로는 나를 위하여 의의 면류관이 예비되었으므로 주 곧 의로우신 재판장이 그 날에 내게 주실 것이며 내게만 아니라 주의 나타나심을 사모하는 모든 자에게도니라."

죽음을 앞둔 사람이 이렇게 확고한 확신에 차서 이런 말을 할 수 있는 경우는 그렇게 많지 않다. 바울의 경우, 이런 모습이 특별히 두드러진다. 본문에서 그는 애가가 아니라 찬가를 부르고 있다. 하지만 이 찬가는 자랑을 극도로 경계하고 싫어한 사람으로 유명한 사도가 쓴 것이다. 바울의 서신들을 보면 그가 자기 자신을 높이거나 드러낼까 늘 삼가고 조심하는 모습이 보인다. 그러므로 이 마지막 승리의 선언은 깊은 감사와 견고한 평안, 깊은 위안과 안도의 마음을 표현했다고 보아야 한다.

바울의 이런 모습이 별로 놀랍지는 않다. 아마 사도

바울처럼 숱한 박해와 반대, 끝없는 고난을 당했던 사역자는 없을 것이다. 그러나 그는 흔들림 없는 신실함으로 마지막 숨을 거둘 때까지 그리스도를 따랐다. 아래 말씀은 사도 바울이 자신의 사역 경험을 요약한 내용으로 자신이 어떻게 주님을 섬겼는지 들려준다.

"그들이 그리스도의 일꾼이냐 정신 없는 말을 하거니와 나는 더욱 그러하도다 내가 수고를 넘치도록 하고 옥에 갇히기도 더 많이 하고 매도 수없이 맞고 여러 번 죽을 뻔하였으니 유대인들에게 사십에서 하나 감한 매를 다섯 번 맞았으며 세 번 태장으로 맞고 한 번 돌로 맞고 세 번 파선하고 일 주야를 깊은 바다에서 지냈으며 여러 번 여행하면서 강의 위험과 강도의 위험과 동족의 위험과 이방인의 위험과 시내의 위험과 광야의 위험과 바다의 위험과 거짓 형제 중의 위험을 당하고 또 수고하며 애쓰고 여러 번 자지 못하고 주리며 목마르고 여러 번 굶고 춥고 헐벗었노라 이 외의 일은 고사하고 아직도 날마다 내 속에 눌리는 일이 있으니 곧 모든 교회를 위하여 염려하는 것이라"(고후 11:23-28).

이 모든 고난에도 바울은 마지막 숨을 몰아쉬는 순간까지 그리스도를 향한 헌신의 끈을 놓지 않았다. '경주를 마쳤을 때' 그의 승리를 축하해준 세상의 군중은 한 명도 없었다. 우승 트로피를 주지도 않았다. 그를 환영하고 그의 공적을 치하해주는 이도 없었다.

기록된 그의 마지막 서신인 디모데후서를 쓰기 시작했을 때에도 바울의 글에는 승리자로서 의기양양함은 보이지 않는다. 인간적 관점에서 보면 사도가 남긴 마지막 서신의 마지막 장에는 진한 외로움마저 묻어온다. 감사할 줄 모르는 세상은 이제 그에게 사형을 언도하고 그를 참수하려 하고 있었다. 치욕적인 방법으로 그의 생명을 끝내려 하고 있었다. 신약의 상당 부분을 쓴 이 불굴의 사도는 또한 전략적으로 중요한 교회를 열두 곳 이상 개척했고, 수많은 목회자와 복음 전도자와 선교사를 배출하고 훈련했다. 예루살렘에서 안디옥과 로마에 이르기까지 지중해 지역 전역에서 수많은 사람에게 복음을 전했다. 그러나 이제 그는 외로이 죽음을 맞아야 했다. 세상의 눈으로 보면 낙담할 수밖에 없는 인생의 비극적 최후가 기다리고 있었다.

그러나 바울 자신은 긍정적인 천상의 시각을 소유하고 있었다. 좌절하지도 않았고 환멸에 휩싸이지도 않았다. 복음을 위해 죽음을 당하기 직전에 바울은 자신을 승계할 제자 디모데에게 이 마지막 편지를 보냈다. 그의 권면과 가르침의 어조를 보면 처형일이 가까워오자 영적 아들인 디모데가 큰 낙담에 **빠졌을** 가능성이 묻어난다. 어쩌면 사역을 중단하고 싶을 정도로 크게 낙담하였을지 모른다.

바울은 어떤 후회나 두려움 없이 현실과 정면으로 마주한다. 수많은 동역자와 제자들이 이미 그를 버리고 떠났고, 심지어 그와 신앙적으로 교제하였던 이들조차 그를 멀리하였지만, 그는 그 사실을 무시하지도 얼버무리려 하지도 않았다. 디모데에게 보내는 그의 마지막 편지에는 실제로 "아시아에 있는 모든 사람이 나를 버린 이 일을 네가 아나니"(딤후 1:15)라는 말이 서두에 등장한다. 그리고 마지막 장에서는 아래와 같이 세세한 내용을 추가한다.

> "데마는 이 세상을 사랑하여 나를 버리고 데살로니가로 갔고 그레스게는 갈라디아로, 디도는 달마디아로 갔고 누가만 나와 함께 있느니라 네가 올 때에 마가를 데리고 오라 그가 나의 일에 유익하니라 두기고는 에베소로 보내었노라 네가 올 때에 내가 드로아 가보의 집에 둔 겉옷을 가지고 오고 또 책은 특별히 가죽 종이에 쓴 것을 가져오라 구리 세공업자 알렉산더가 내게 해를 많이 입혔으매 주께서 그 행한 대로 그에게 갚으시리니 너도 그를 주의하라 그가 우리 말을 심히 대적하였느니라 내가 처음 변명할 때에 나와 함께 한 자가 하나도 없고 다 나를 버렸으나 그들에게 허물을 돌리지 않기를 원하노라"(4:10-16).

바울이 이런 곤경에도 전혀 위축되지 않았고 원망의 마음을 품지 않았다는 사실이 경이롭게 느껴진다.

사실 오히려 그는 자신이 처한 환경을 하나님께 영광을 돌릴 이유로 보았다. 그는 바로 이어 이렇게 말한다. "주께서 내 곁에 서서 나에게 힘을 주심은 나로 말미암아 선포된 말씀이 온전히 전파되어 모든 이방인이 듣게 하려 하심이니 내가 사자의 입에서 건짐을 받았느니라 주께서 나를 모든 악한 일에서 건져내시고 또 그의 천국에 들어가도록 구원하시리니 그에게 영광이 세세무궁토록 있을지어다 아멘"(17-18절).

이렇게 바울은 끝까지 충성하였다. 주를 향한 순전한 사랑과 순종으로 말미암는 단순한 기쁨으로 모든 고난을 견뎠고, 하늘에 대한 소망을 굳게 붙들었다.

그리스도의 신실한 사역자가 되고자 한다면 이런 태도가 반드시 필요하다. 바울은 "너희는 나를 본받는 자가 되라"(고전 11:1, 비교. 4:16)고 말했다. 그동안 목회 현장에 몸담아오면서 나는 줄곧 이 명령을 마음에 간직하고자 애썼다.

내가 오랫동안 의문을 품었던 질문이 있다. "어떻게 그렇게 할 수 있는가? 어떻게 하면 바울처럼 좌절을 겪어도 조금도 흔들리지 않고 굳건히 믿음을 지키며 주님의 사역에 언제나 전력투구할 수 있는가? 어떻게 해야 바울처럼 헌신할 수 있는가? 도무지 극복할 수 없어 보이는 장애물이 가득한데 어떻게 경주를 승리로 마감할 수 있는가? 바울의 표현을 빌리면 '사방으로 환난을 당하여 밖으로는 다툼이요 안으로는 두려움'(고후 7:5)인 상황에서 끝까지 믿음을 지킬 수 있는 비결은 무엇인가?"

이러한 의문들에 대해 바울은 고린도후서 4장에서 상세하게 답변한다. 이 책에서 집중적으로 살펴보려는 성경 본문이 바로 고린도후서 4장이다.

고린도후서의 배경

사도 바울이 고린도에 보내는 이 두 번째 편지를 쓸 당시에는 낙담할 이유가 한두 가지가 아니었다. 그는 고린도에 교회를 세우고 18개월간 목회자로 섬겼다(행 18:11). 선교사로서 계속 사역지를 이동해야 했지만, 고린도 교인들과 지속적으로 연락을 주고받았고 친밀한 관계를 유지했다. 이 교회에 처음으로 보낸 편지는 교회를 괴롭히던 여러 문제에 대해 세세한 장문의 해결책을 담고 있었다. 지극히 힘든 목회적 과제들이 망라되어 있었지만, 바울은 아버지의 심정을 담아 풍성한 지혜와 명징함으로 제기된 모든 문제에 대해 일일이 답변해주었다. 이렇게 그는 고린도 교인들을 향한 깊고 순수한 관심을 보여주었다. 참을성 있게 그들을 격려하고 도움을 주고자 애썼다. 진심으로 양을 알고 사랑하는 가슴 따뜻한 목자를 찾는다면 바울이 바로 그런 사람이었다.

그러나 바울이 고린도후서를 쓸 무렵 거짓 사도들은 거짓 교리로 고린도 교회 교인들을 미혹하고 그를 악의적으로 공격했다. 그들은 바울이 없는 틈을 타 고린도 교회로 침투한 자들이었다. 거짓 선생들은 바울의 명성을 해치려고 수단과 방법을 가리지 않았다. 고린도 교회에서 그의 영향력을 무너뜨리고자 전방위로 노력했다. 이들의 가르침으로 복음이 훼손되었기 때문에 고린도 교회의 영적 건강과 증언은 심각한 위협을 받았다. 거짓 사도들은 바울에게 공격을 집중했다. 바울이 가르친 내용을 공격하는 데서 그치지 않고 그에 대한 인신공격도 서슴지 않았다. 결국 그는 자기 자신을 옹호할 수밖에 없었다. 그가 자신을 옹호한 방법은 흥미로웠다. 자신의 공적에 대해서 일절 자랑하지 않았고 자신을 조금도 높이려 하지 않았다. 오히려 그리스도를 높임으로 거짓 교사들의 위선과 이기적인 거짓을 드러냈다.

바울이 자신을 방어한 핵심과 요지는 고린도후서 4장 5절에 요약되어 있다. "우리는 우리를 전파하는 것이 아니라 오직 그리스도 예수의 주 되신 것과 또 예수를 위하여 우리가 너희의 종 된 것을 전파함이라." 진정한 사역자의 소명과 헌신을 간결하게 요약한 진술문을 이 절에서 확인할 수 있다. 복음은 그리스도에 대한 메시지며 우리가 선언하는 메시지는 언제나 그분만을 강조해야 한다. 거짓 사도들과 그 수하들은 항상 자신들이 관심을 독차지할 수 있는 방법을 찾아낸다. 어떤 이야기든 자기 자신이 주인공이 되려고 한다. 그들이 들려주는 이야기에는 늘 그들이 영웅으로 등장한다. 그러므로 그들의 설교는 자신들의 자아를 과시하는 전시장이나 같다. 오늘날 설교단에는 처음부터 끝까지 자신을 설교하는 사람들로 득실거린다.

누구도 사도 바울이 자기를 자랑한다고 비난할 수 없다. 그는 자신의 고린도 사역을 이렇게 설명했다. "내가 너희 중에서 예수 그리스도와 그가 십자가에 못 박히신 것 외에는 아무 것도 알지 아니하기로 작정하였음이라"(고전 2:2). 청중이 다른 것을 요구하거나 더 이상을 요구할 때조차 바울은 그리스도를 선포했다. "유대인은 표적을 구하고 헬라인은 지혜를 찾으나 우리는 십자가에 못 박힌 그리스도를 전하니 유대인에게는 거리끼는 것이요 이방인에게는 미련한 것이로되"(1:22-23). 갈라디아서 6장 14절에서는 "그러나 내게는 우리 주 예수 그리스도의 십자가 외에 결코 자랑할 것이 없으니"라고 말했다. 그는 이런 시각을 가진 사람이었다.

"우리는 우리를 전파하는 것이 아니라"고 썼을 때 바울은 거짓과 헛된 것을 전하는 선지자들에 대한 예레미야의 예언을 염두에 두었을 것이다. "만군의 여호와께서 이와 같이 말씀하시되 너희에게 예언하는 선지자들의 말을 듣지 말라 그들은 너희에게 헛된 것을 가르치나니 그들이 말한 묵시는 자기 마음으로 말미암은 것이요 여호와의 입에서 나온 것이 아니니라"(렘 23:16). 예수님이 요한복음 7장 18절에서 하신 말씀대로다. "스스로 말하는 자는 자기 영광만 구하되." 바울은 자신의 영광을 조금도 구하지 않았다. 오히려 그는 "우리는 우리를 전파하는 것이 아니라 오직 그리스도 예수의 주 되신 것과 또 예수를 위하여 우리가 너희의 종 된 것을 전파함이라"(고후 4:5)고 말했다.

"종"이라는 단어는 바울의 권위를 낮추는 역할을 한다. 그는 값비싼 미복을 입은 집사나 고급 레스토랑의 웨이터처럼 자신을 그리지 않는다. 그가 사용한 이 단어는 '노예'라는 뜻이다. 누군가의 법적인 소유라는 말이다. 주님이 값을 치르고 자신을 사셨으므로 자신에게 더 이상 소유권이 없음을 인정하는 것이다(비교. 고전 6:19-20). 바울의 사역 철학은 이 확신에서 출발했다.

바울은 고린도후서 4장에서 자신의 철학을 표현하면서 극심한 고난을 겪고서도 끝까지 신실할 수 있었던 비결이 무엇이냐는 질문에 상세하게 답변한다. 그는 승리의 선언으로 이 장을 시작한다. "그러므로 우리가 이 직분을 받아 긍휼하심을 입은 대로 낙심하지 아니하고"(1절).

"낙심하지 아니하고"라는 구절을 유의해서 보라. 16절은 이 말을 그대로 반복한다. 그러므로 이 장에서 바울의 짧은 증언은 "낙심하지 아니하고" 그리스도를 섬기겠다는 결단을 담은 동일한 진술로 수미쌍관을 이룬다.

영어 번역본들은 바울의 말을 축소해서 번역하는 경향이 있다. 킹 제임스 번역은 "약해지지 않고"라고 번역한다. 현대 번역본들은 일반적으로 "우리는 포기하지 않는다"(혹은 이와 유사한 내용)라고 번역한다. 바울이 사용한 헬라어 동사(*egkakeō*, 엥카케오)는 두 단어를 합성한 것이다. 첫 단어는 *en*이라는 전치사 형태로 어떤 것 '안에서'(in 혹은 among) 안식의 상태나 체념 상태에 있음을 의미한다. 어근은 카케오(*kakeō*)라는 명사로 '악함' 혹은 '타락'이라는 의미다. 그러므로 이 표현은 "우리는 악에 굴복하지 않는다"라는 뜻이다. "지치지 않는다"보다 훨씬 강한 의미다.

다시 말해 바울의 말에는 낙담이나 피곤이나 비겁

함을 거부한다는 의미만 있지 않다는 것이다. '거룩한 저항'이라는 강력한 의미가 바울의 어조에 함축되어 있다. 그는 "우리는 변절하지 않는다. 절대 악에 굴복하지 않겠다"라고 말하는 것이다.

이 문맥에서 그가 이런 말을 하게 된 이유는 무엇인가? 미묘하지만 그는 고린도 교인들과 겪은 일들로 사역을 포기할 지경에 이를 수도 있음을 간접적으로 인정하고 있다. 고린도 교회가 많은 문제를 일으킨 까닭에 그는 큰 어려움에 봉착했고 낙심할 수밖에 없었다. 이런 상황에서 믿음이 약한 사람이라면 포기하고 싶은 유혹에 시달렸을 것이다. 고린도 교인들이 저지른 죄악, 그들의 천박함, 패역함, 바울을 향한 변덕스러움이 그가 보낸 두 서신에 명확하게 드러나 있다. 고린도 교회에는 도덕적 부정, 시기, 믿는 자들 사이의 법정 소송, 근친상간, 주의 만찬을 모독하는 수치스러운 모습까지 수많은 문제가 있었다. 그 중에서 특별히 자신에 대한 그들의 비난은 가슴 아픈 일이었고, 바울은 그 점에 대해서도 지적한다(12:11-14).

고린도전서 16장 12절에서 바울은 아볼로에게 자격

이 있는 리더들을 고린도로 데리고 가서 문제를 해결하도록 재촉하였다고 말한다. 그러나 고린도 교회의 문제가 심각할 정도로 뒤엉켜 있어서 아볼로는 다시 돌아갈 마음이 전혀 없었다. 간단히 말해 고린도 교회는 모두가 목회를 기피하는 교회였던 것이다.

바울은 실제로 최소한 네 통의 편지를 썼다. 두 편지는 신약에 기록되어 있고, 나머지 두 편지(영감된 정경에 포함되지 않은)는 앞의 두 편지에 언급만 되어 있다. 편지 내용을 볼 때 고린도 교회는 고린도전서라는 첫 편지를 통해 바울의 질책과 경고를 듣고 고린도 교회가 회복을 위해 어떤 노력을 했든지 간에 그의 기대에 미치지 못했음이 분명하다. 편지를 받고 얼마 지나지 않아 고린도 교회는 신학적으로 바울과 그들을 이간질하고 바울에 대한 교회의 신뢰를 무너뜨리는 데 혈안이 된 자들을 무비판적으로 받아들였기 때문이다. 스스로 사도라 자처하는 이 거짓 사도들은 참된 사도를 끊임없이 비방하고 조롱했다.

바울은 고린도를 방문했지만 별다른 성과가 없었다. 왔을 때보다 더 고통스러운 심정을 안고 고린도를 떠날 수밖에 없었다. 고린도를 떠난 직후 그는 그들을 강하게 질책하는 편지를 썼다. 또한 그 고통스러운 방문의 후유증으로 다시는 고린도를 방문하지 않기로 결심했다(고후 2:1).

그러나 이런 위험한 거짓 선생들이 교회에서 지배적인 영향력을 행사하고 있다는 사실이 분명해지자 바울의 마음은 무너졌다. 이런 상황이라면 사역자가 사역을 포기할 수도 있었다. 그들은 그의 인격을 난도질하고 있었다. 그의 신뢰성에 의문을 제기하고 있었다. 아마 그가 베드로와 논쟁한 일을 악용하였을 것이다(참고. 갈 2:11). 가능한 모든 방법으로 그를 비방하고 있었다. 연설가로서 실력이 형편없다고 비난했다. 웅변가로서 전혀 훈련되지 않았을 뿐 아니라(고후 11:6) 그를 직접 만나면 그 형편없음을 확인하게 된다고 조롱하며(10:10) 가능한 인격적으로 타격을 입히는 방식으로 그를 비난했다. 이런 교회와 사역을 하면 누구든 낙담할 수밖에 없을 것이다.

바울은 이 두 번째 서신에서 고린도 교회에 대한 좌절감을 굳이 숨기려고 하지 않는다. 하나님의 자비와 위로하심을 강조하는 초반에서 이미 이 사실을 알 수 있다. "찬송하리로다 그는 우리 주 예수 그리스도의 하나님이시요 자비의 아버지시요 모든 위로의 하나님이시며 우리의 모든 환난 중에서 우리를 위로하사 우리로 하여금 하나님께 받는 위로로써 모든 환난 중에 있는 자들을 능히 위로하게 하시는 이시로다"(1:3-4). 2장에서는 고통에 관해 이야기한다. 그 끔찍한 고린도 교회 방문의 여파로 바울의 마음에 생긴 고통과 가혹하게 책망하는 바울의 편지를 받고 고린도 교인들이 당한 고통이다. 4, 6, 7, 10, 11, 12, 13장은 모두 고린도 교회의 문제를 다루는데, 특별히 그 교회를 설립하고 온갖 수고를 아끼지 않았던 사도에 대한 그들의 냉소적이고 불쾌한 태도를 지적한다. 생명도 아끼지 않을 정도로 헌신했지만 배신의 칼을 꽂는 교회의 완악하고 지극히 실망스러운 모습을 다루고 있다. 그래서 11장 23-27절에서 그는 자신이 겪은 온갖 고난과 역경을 거론하며 "이 외의 일은 고사하고 아직도 날마다 내 속에 눌리는 일이 있으니 곧 모든 교회를 위하여 염려하는 것이라"(28절)는 말로 그 사실을 강조한다. 이 말은 중요한 의미가 있다.

하지만 사역의 국면마다 겪었던 온갖 반대와 곤경과 궁핍에도 불구하고 바울은 악에 굴복하지 않았다. 개척한 교회에서 다루어야 했던 문제들이나 온갖 반대 그리고 그를 짓누른 낙심과 고난에도 그리스도를 향한 충성과 진심은 변함이 없었다. 성경에서 만나는 모든 인물 중 그리스도를 제외하면 지칠 줄 모르는 믿음, 흔들림 없는 인내, 견고한 헌신을 가장 잘 구현한 인물이 바울일 것이다. 그리스도를 향한 순전한 헌신에 대해 바울처럼 극적인 모범을 보인 이는 없다. 사도는 고린도후서 4장에서 이 놀라운 인내와 헌신을 가능하게 한 요인을 설명한다.

바울이 낙심하지 않았던 9가지 이유가 있다. 첫째, 그는 자기 자신을 더 나은 새로운 언약을 위탁받은 하나님의 청지기로 보았다. 둘째, 그 역할을 큰 특권으로 생각할 뿐 아니라 하나님의 은혜로 받은 큰 자비라고 생각했다. 셋째, 마음을 순결하고 정직하게 지키기로 결단했고, 그런 충성스러움이 참된 진실성을 추구하는 핵심 요소라고 생각했다. 넷째, 그는 자신의 마음을 한 가지 열정으로 채웠다. 그것은 하나님의 말씀을 선포하고자 하는 뜨거운 헌신의 마음이었다. 다섯째, 하나님의 말씀이 결코 헛되이 돌아오지 않는다고 이해했고(사 55:11), 따라서 인간이 만든 성공과 실패의 기준에 휘둘리지 않았다. 여섯째, 인간의 갈채나 인정을 구하지 않고 어떤 대가를 치르더라도 하나님의 영광을 겸손히 구했다. 일곱째, 하나님이 고난을 성화의 수단으로 사용하심을 알았고, 그리스도의 고난의 교제에 참여하기를 간절히 원했다. 여덟째, 구약의 위대한 믿음의 영웅들을 잘 알았고, 그들의 용기를 본받고자 했다. 아홉째, 천국과 위의 것에 마음을 고정했고, 현재의 고난이 그런 영광과 비교할 수 없는 것임을 잘 알았다.

바울이 끝까지 신실할 수 있었던 것은 이런 9가지 흔들림 없는 확신이 있었기 때문이다. 고린도후서 4장을 연구하면 이 사실을 분명히 확인할 수 있을 것이다. 마음의 채비를 하라. 이제부터 이 9가지 확신을 하나하나 자세히 살펴볼 것이다.

1장
새 언약의 우월성에 대한 확신

고린도후서 4장은 "그러므로 우리가 이 직분을 받아"(1절)라는 바울의 말로 시작한다. "그러므로"라는 단어는 당연히 앞 장을 다시 생각해보도록 독자의 주의를 환기시킨다. 너무 당연해서 고루하게 들릴지 모르지만, 본문을 해석할 때 따라야 할 중요한 규칙이 있다. 성경에서 "그러므로"라는 단어를 보면 왜 이 단어가 거기 쓰였는지 질문해야 한다는 것이다. 이 절의 경우 이 단어는 바울이 이제 하려고 하는 말과 3장에서 다루었던 주제를 연결하는 역할을 한다. 앞의 3장에서는 옛 언약과 새 언약을 자세히 비교하고 대조하였다.

새 언약의 시작(옛 언약의 종식을 의미함)은 바울이 방관자로서 학문적 관심을 갖고 지켜볼 정도로 사소한 변화가 아니었다. 그것은 그의 인생 계획을 완전히 뒤

엎고 세계관을 뒤흔든 바다처럼 거대한 변화였다. 바울은 바리새인의 혈통으로 히브리인 중의 히브리인이었고, 유대 열두 지파 중 가장 귀족 지파에 소속된 사람이었다. 어릴 때부터 율법에 대한 열심이 남다르도록 교육받았다. 바리새인의 전통을 엄격하게 고수하도록 훈련받았다. 그가 일과 속에서 율법의 의식들을 외형적인 세세한 부분까지 철두철미하게 준수하고 관심을 쏟는 것을 지켜보았다면, 아마도 그를 무흠한 사람이라고 생각했을지 모른다. 빌립보서 3장 4-6절에서 그는 자신을 직접 그렇게 증언했다. (사도행전 26장 4-5절을 보면 그는 아그립바 왕에게도 유사한 증언을 한다. 자신이 얼마나 세심하게 율법을 지켰고 옛 언약의 요구를 엄격히 시행했는지 말한다.)

그러나 바울이 다메섹 도상에서 주 예수님을 만나면서 모든 것이 달라졌다. 바울의 회심 이야기는 사도행전 9장에 서술되어 있고, 누가는 사도행전 22장 3-21절과 26장 12-23절에서 바울이 이 이야기를 두 번 더 재서술한 내용을 기록하고 있다. 빌립보서 3장에 기록된 바울의 증언은 그의 회심이 지닌 중요한 영적 함의를 강조하기 위해 세세한 역사적 사실을 생략한다. 그는 이 회심으로 사고방식과 생활방식이 근본적으로 변화되었음을 생생한 언어로 서술한다. 요약하자면 그는 그리스도가 그날 자신을 찾아오셨을 때 옛 언약의 율법주의가 더는 아무 가치가 없고 제단에 배설물을 바치는 것처럼 하나님이 역겨워하실 수 있음을 불현듯 깨달았다. 이사야 64장 6절의 진리를 깨닫게 되었다.

"무릇 우리는 다 부정한 자 같아서 우리의 의는
다 더러운 옷 같으며."

더러운 옷이라는 이사야가 사용한 히브리어 명사는 부정한 신체 유출로 더러워지고 얼룩진 천 조각을 말한다. 이런 천 조각은 아무 쓸데가 없으므로 태워서 버려야 한다. 이사야는 의도적으로 혐오스러운 심상을 사용하고 있지만, 하나님이 율법 아래서 자의적으로 의롭다 함을 얻고자 하는 인간의 모든 시도를 어떻게 보시는지 알려준다.

바울은 나아가 그리스도를 믿는 자들에게 완전하고 무흠한 그리스도의 의(율법이 요구하는 완전한 순종)가 전가된다는 사실을 깨달았다. 그리스도는 지상에 계실 때 옛 언약인 율법의 요구를 모두 이루셨다(마 3:15). 자기 백성을 위하여 이 모든 것을 이루신 이유는 "우리로 하여금 그 안에서 하나님의 의가 되게 하려 하심"이었다(고후 5:21). 그러므로 바울은 인간의 배설물보다 하등 나을 게 없기 때문에 스스로 어렵게 획득한 자기 의를 버렸다고 말한다. 그는 "내가…모든 것을…배설물로 여김은 그리스도를 얻고 그 안에서 발견되려 함이니 내가 가진 의는 율법에서 난 것이 아니요 오직 그리스도를 믿음으로 말미암은 것이니 곧 믿음으로 하나님께로부터 난 의라"(빌 3:8-9)고 말한다.

바울이 회심했을 때 모세의 언약에 대한 애착을 위시하여 인생의 모든 면에 극적인 변화가 일어났다. 그는 율법은 죄를 정죄할 뿐 죄인을 구원할 수 없음을 즉각 깨달았다(롬 3:20, 7:9-11, 갈 3:10). "율법은 진노를 이루게 하나니"(롬 4:15). 율법은 누구도 예외를 허락하지 않고 모든 이에게 사형 선고를 내린다. 그 누구도 율법을 지킬 자가 없기 때문이다. 그러므로 율법은 죄인을 구속하지 못하고 오직 죽이는 힘만 있다.

율법 자체가 악하다는 말이 아니다. 오히려 반대로 "율법은 거룩하고 계명도 거룩하고 의로우며 선하다"(롬 7:12). 율법이 없이는 하나님의 의가 우리에게 무엇을 요구하는지 제대로 이해할 수 없다(7절). 문제는 율법이 아니라 죄인에게 있다.

그러나 새 언약은 옛 언약에서 결여되고 부족한 모든 부분을 보완하고 완성한다. 히브리서 8장 6절은 "그러나 이제 그는 더 아름다운 직분을 얻으셨으니 그는 더 좋은 약속으로 세우신 더 좋은 언약의 중보자시라"고 말한다. 나아가 새 언약은 옛 언약을 완전히 대체하고 폐지한다. "새 언약이라 말씀하셨으매 첫 것은 낡아지게 하신 것이니 낡아지고 쇠하는 것은 없어져 가는 것이니라"(13절).

옛 언약은 수백 개의 세세하고 까다로운 계명으로 명시되어 있다. 반면 새 언약은 그리스도와 그분의 완성된 사역을 핵심으로 한다. 옛 언약의 핵심이 모세의 율법이라면(엄격한 의식적 요구와 예외의 여지가 없는 사형 선고) 새 언약의 본질은 그리스도 안에 있는 생명의 약속이다. 확실히 새 언약이 "더 좋은 언약"이다(히 7:22).

옛 언약으로는 의를 이룰 수 없다. 그리스도는 율법이 요구하지만 율법으로 절대 이룰 수 없는 의를 자기 백성에게 주셨다. 옛 언약은 일시적이었고 "죽게 하는" 것이었다(고후 3:7). 그러나 새 언약은 영원하며 결코 대체되지 않을 것이다. 옛 언약은 죄인에게 사망과 파멸을 선언했지만, 새 언약은 생명을 선사한다.

"율법 조문은 죽이는 것이요 영은 살리는 것이니라"(고후 3:6). 고린도후서 3장에서 바울이 강조하는 핵심이 바로 이것으로, 그는 옛 언약과 새 언약의 대비되는 내용을 일일이 강조한다. 7절에서는 옛 언약을 "죽게 하는 직분"이라고 부르고, 8절에서는 새 언약을 "영의 직분"이라고 부른다. 9절은 옛 언약을 "정죄의 직분"이라고 말하고, 새 언약을 "의의 직분"이라고 말한다. 11절에서는 "없어질 것"(옛 언약)과 "길이 있을 것"(새 언약)을 대비한다. 새 언약을 "영원한 언약"이라고 말하는 히브리서 13장 20절에서도 동일한 사상이 녹아 있다.

요약하자면 옛 언약은 죄인에게 어떤 소망도 주지 않았다. 새 언약은 "이같은 소망"을 선사하므로 우리는 "담대히 말할 수 있다"(고후 3:12). 담대함, 확신, 충분함, 유능함과 같은 개념은 3장을 하나로 엮어주는 역할을 한다(4-6, 12절). 바울은 2장 말미에서 제기한 "누가 이 일을 감당하리요"라는 질문에 대답하고 있다. 그의 답은 "우리가 무슨 일이든지 우리에게서 난 것 같이 스스로 만족할 것이 아니니 우리의 만족은 오직 하나님으로부터 나느니라"(3:5)는 한 문장으로 표현되어 있다. 그러므로 고린도후서 3장에 나오는 새 언약에 대한 이 전체 논의는 새 언약만의 차별적 특징으로 인해 사도들과 동료 사역자들이 어떻게 하나님이 맡기신 사역의 적임자가 될 수 있었는지 세세하게 설명한다. 이 문맥에서 바울이 강조하는 모든 주장은 지금까지 신실하게 복음을 선포했던 교회사의 모든 이에게 적용되며, 우리 세대와 앞으로 올 미래에 하나님이 세우시고 사역으로 부르실 이들에게도 적용된다.

옛 언약이 수건으로 가린 것처럼 희미하고 모호했다면(고후 3:13-14), 새 언약은 수건을 벗은 것처럼 분명하다. 옛 언약의 모든 비밀이 그리스도로 계시되었다. 14절에서 옛 언약의 수건이 그리스도 안에서 없어질 것이라고 말한 의미가 이것이다. 히브리서 1장 1-2절 역시 그리스도 안에서 이 시대의 최종적이고 충분한 하나님의 계시를 단번에 우리에게 주셨다고 말한다. 히브리서의 이 본문과 관련된 다른 구절들은 새 언약의 최종성과 영원성을 공식적으로 선언한다.

바울이 새 언약을 "영의 직분"(the ministry of the Spirit, 고후 3:8)이라고 언급한 사실은 중요하다. 오순절 성령 강림은 옛 언약에서 새 언약으로의 이행을 알리는 중요한 사건이었다. 물론 성령은 구약 시대에도 계속 역사하셨지만, 구약에서는 삼위일체 교리를 전면적이고 심층적으로 강조하지 않았다. 삼위 하나님 중 성령의 지위와 역할에 대한 진리는 옛 언약의 수건이 벗겨진 기념비적 진리에 해당한다. 성령은 또한 새 언약에서 새롭고 특별한 역할을 맡으시고, 모든 신자 안에 영원히 내주하시며, 힘을 공급하시고, 그들이 영광에서 영광에 이르게 하시며, 그리스도의 형상을 닮아가게 하신다(17-18절). 사역을 감당할 역량은 하나님이 주신다는 사실을 바울이 끝까지 붙들 수 있었던 것은 바로 이런 성령의 사역이 있었기 때문이다. 이 사역은 주님이 직접 모든 필요를 감당할 충분한 은혜를 베푸신다는 증거였다. 바울은 성령의 내주하심으로 사역 중에 만날 극도의 시련과 낙심조차 결국 그를 온전하게 하고, 굳건하게 하며, 강하게 하고, 터를 견고하게 할 것이라고 확신할 수 있었다(비교. 벧전 5:10). "이와 같이 성령도 우리의 연약함을 도우시나니"(롬 8:26). 사실 이것이 로마서 8장의 주제이자 내용이다.

가망 없는 옛 언약에서 벗어나 확실하고 안전한 새 언약으로 들어간 한 남자가 있다. 바로 바울이다. 바울은 새 언약을 생각하면 늘 경이로웠다. 예수 그리스도를 통해 하나님의 주권적 은혜로 그가 이미 받은 구원을 생각하면 지금 겪는 시련은 아무것도 아니었다. 주를 섬기도록 부름받은 자체가 놀랍고 과분한 명예이자 특권이었고, 그는 그 누구보다 이 사실을 잘 이해하고 있었다.

바울은 자신의 자격 여부에 대한 질문을 처음 제기할 때 바로 이런 사실을 염두에 두고 있었음이 분명하다. 그는 이렇게 썼다.

"항상 우리를 그리스도 안에서 이기게 하시고 우리로 말미암아 각처에서 그리스도를 아는 냄새를 나타내시는 하나님께 감사하노라 우리는 구원 받는 자들에게나 망하는 자들에게나 하나님 앞에서 그리스도의 향기니 이 사람에게는 사망으로부터 사망에 이르는 냄새요 저 사람에게는 생명으로부터 생명에 이르는 냄새라 누가 이 일을 감당하리요"(고후 2:14-16).

실제로 인간적인 면에서 보면 그에게는 그런 무거운 책임을 감당하거나 그런 영원한 영향력을 발휘할 만한 능력이 없었을 것이다. 그러나 바울은 새 언약의 선포자로서 천국이나 지옥에서 사람들의 영생에 영향을 미치는 하나님의 도구였다. 그런 놀라운 소명을 받았다면 그 소명과는 비교도 되지 않는 열등한 일에 마음을 둘 어리석은 자가 어디 있겠는가?

바울은 복음의 진리에 집중하고, 복음의 전체 메시

지를 선포하며, 복음을 세세한 부분까지 연구하고, 복음의 교리를 옹호하며, 복음의 약속을 묵상하고, 복음으로 서로를 격려하며, 복음의 영광을 노래해야 할 이유가 있음을 이렇게 강력히 논증한다. 우리는 새 언약의 사역자로 부름받는 것이 얼마나 놀라운 특권인지 잊지 말아야 한다. 바울이 결코 포기하지 않고 끝까지 견딜 수 있었던 가장 기본적이고 중요한 비결이 바로 이것이었다.

2장

사역은 자비라는 확신

바울은 자신의 소명이 전적으로 자격 없는 그에게 하나님이 베푸신 놀라운 은혜의 표현이라는 생각이 확고하였다. 이런 확고한 확신이 있었기에 바울은 주의 사역에 끝까지 충성할 수 있었다. 그는 오직 "[하나님의] 긍휼하심으로"(고후 4:1) 사역으로 부름받고 위임받았다. 이것은 사역으로 그리스도를 섬기도록 부름받은 모든 사람도 마찬가지다. 사역은 우리의 노력으로 획득한 특권이 아니다. 하나님은 우리 스스로 개발한 역량이나 적성을 보고 우리를 부르시지 않는다. 다른 사람보다 더 의롭다거나 더 자격이 있어서 사역으로 섬기라고 하시지 않는다. 오직 하나님의 긍휼하심 때문이다. 우리는 우리 육신에 대해 조금도 자신할 수 없을 정도로 자신의 생각과 상태를 잘 알고 있다. 우리의 연약함을 알고 있다. 우리는 개인적인 연약함과 실패로 끊임없이 고통당한다. 진정한 신자라면 주님이 왜 우리를 부르셨는지, 우리를 왜 계속 그분의 백성으로 삼아주시는지 의아스러울 것이다. 특히 바울의 경우, 한때 맹렬하게 박해했던 그리스도가 그런 자비를 베푸셨음을 생각하면, 심지어 바리새인이었던 자신을 사도로 삼으신 사실을 생각하면 놀랍고 가슴이 벅찼을 것이다.

바울의 말을 직접 들어보자.

> "나를 능하게 하신 그리스도 예수 우리 주께 내가 감사함은 나를 충성되이 여겨 내게 직분을 맡기심이니 내가 전에는 비방자요 박해자요 폭행자였으나 도리어 긍휼을 입은 것은 내가 믿지 아니할 때에 알지 못하고 행하였음이라 우리 주의 은혜가 그리스도 예수 안에 있는 믿음과 사랑과 함께 넘치도록 풍성하였도다 미쁘다 모든 사람이 받을 만한 이 말이여 그리스도 예수께서 죄인을 구원하시려고 세상에 임하셨다 하였

도다 죄인 중에 내가 괴수니라 그러나 내가 긍휼을 입은 까닭은 예수 그리스도께서 내게 먼저 일체 오래 참으심을 보이사 후에 주를 믿어 영생 얻는 자들에게 본이 되게 하려 하심이라"(딤전 1:12-16).

우리가 누리는 모든 좋은 것은 받을 자격 없는 이에게 하나님이 베푸시는 긍휼하심 때문이다. 하나님은 놀라운 긍휼하심으로 우리를 부르시고, 우리의 필요를 채워주시며, 함께 협력하여 주를 섬길 사람들을 붙여주신다. 우리는 자격이 없음에도 이런 특권을 누린다. 그러므로 자신의 소명을 이와 다르게 인식하는 순간 그 사역자는 누구든지 파국으로 달려가게 되어 있다.

이전에 바리새인으로 활약하던 시절이었다면 바울은 절대 자신을 죄인 중에 괴수라고 표현하지 않았을 것이다. 빌립보서 3장에 나오는 그의 증언을 다시 한 번 생각해보라. 빌립보서 문맥에서 사도 바울은 이방인 개종자들이 먼저 할례를 받지 않으면 의롭다 함을, 곧 하나님 앞에서 의롭다 함을 받을 수 없다고 주장하는 거짓 선생들을 반박하고 있다는 사실을 염두에 두라. 다시 말해 그들은 오직 그리스도에 대한 믿음이 아니라 할례가 칭의의 필수적인 도구라고 주장했다. 바울은 그들을 "개들…행악하는 자들…몸을 상해하는" 자들이라고 지칭한다(빌 3:2). 그들은 복음을 왜곡하며 갈라디아 교회를 혼란에 빠뜨리고 있는 자들과 동일한 종파로서 가는 곳마다 바울을 훼방하였던 자들이 분명하다. 이 이단들은 유대의 의식법을 세세한 부분까지 지키는 엄격함을 자랑함으로 추종자들을 불러 모았다. 그래서 바울은 사도로서 자신의 자격을 상세히 소개하는 것으로 반격한다. "그러나 나도 육체를 신뢰할 만하며 만일 누구든지 다른 이가 육체를 신뢰할 것이 있는 줄로 생각하면 나는 더욱 그러하리니 나는 팔일 만에 할례를 받고 이스라엘 족속이요 베냐민 지파요 히브리인 중의 히브리인이요 율법으로는 바리새인이요 열심으로는 교회를 박해하고 율법의 의로는 흠이 없는 자라"(4-6절).

바울은 여기서 사도의 입장이 아니라 바리새인으로서 자신의 생각을 서술한다. 다메섹 도상에서 그리스도와 대면하기 전에 바울은 자신을 "흠이 없는 자"라고 생각했다. 실제로 그는 외형적 경건의 기술을 철저히 습득한 사람이었다. 그러나 율법은 하나님과 같은 수준의 완전함을 요구한다(마 5:48). 일생 바리새인으로서 훈련과 규율을 익히는 데 정진했던 다소 출신의 위대한 사울이라 해도 그 완전함에 도달하기에는 턱없이 부족했다. 그는 자신의 죄악에 대한 실체를 깨닫게 되자 스스로 자랑할 이유라고 생각했던 것을 모두 포기했다. 그 모든 것을 "해"로 여기게 되었다(빌 3:8). "해"는 헬라어로 스쿠발론(*skubalon*)인데 이것은 '똥'이라는 뜻이다. 한때 자부심의 대상이었던 것이 가장 수치스러운 자기 의를 상징하게 되었다. 하나님의 백성을 핍박하는 데 물불을 가리지 않았던 자신의 악한 교만함을 일깨우는 상징이 되었다. 그는 진심으로 자신을 죄인 중의 죄인이자 하나님의 자비를 받을 자격이 조금도 없는 존재라고 생각했다. "나는 사도 중에 가장 작은 자라 나는 하나님의 교회를 박해하였으므로 사도라 칭함 받기를 감당하지 못할 자니라"(고전 15:9)고 고백했다.

그러므로 바울은 사역을 다 마칠 때까지 사역자로 부르신 하나님의 자비에 늘 감사하였고, 이런 마음은 종종 그의 서신에 표현되어 있다. 로마의 교회에 편지할 때는 하나님의 자비에 큰 빚을 지고 있음을 고백하며 그 이유를 이렇게 설명했다. "이 은혜는 곧 나로 이방인을 위하여 그리스도 예수의 일꾼이 되어 하나님의 복음의 제사장 직분을 하게 하사"(롬 15:15-16). 그는 소명을 언급할 때마다 항상 "내게 주신 하나님의 은혜"라는 말을 잊지 않았다(롬 12:3, 고전 3:10, 15:10, 갈 1:15, 2:9).

바울은 에베소 교인들에게 이렇게 썼다.

> "이 복음을 위하여 그의 능력이 역사하시는 대로 내게 주신 하나님의 은혜의 선물을 따라 내가 일꾼이 되었노라 모든 성도 중에 지극히 작은 자보다 더 작은 나에게 이 은혜를 주신 것은 측량할 수 없는 그리스도의 풍성함을 이방인에게 전하게 하시고 영원부터 만물을 창조하신 하나님 속에 감추어졌던 비밀의 경륜이 어떠한 것

을 드러내게 하려 하심이라 이는 이제 교회로 말미암아 하늘에 있는 통치자들과 권세들에게 하나님의 각종 지혜를 알게 하려 하심이니"(엡 3:7-10).

바울은 복음을 세속 권위 중 최상층부, 다시 말해 가이사의 법정으로 가져가기로 작정했다(행 28:19). 나아가 여기서 말한 대로 그는 하나님의 무한한 지혜가 가능한 한 공개적으로 알려져 모든 사탄의 권세와 세력이 공개적으로 수치를 당하기 원했다. 이 목표를 이루기 위해서는 고난과 박해를 받아야 한다는 것도 잘 알았다. 가이사랴의 친구들이 체포당할지 모르니 예루살렘으로 가지 말라고 간청하자 그는 "나는 주 예수의 이름을 위하여 결박 당할 뿐 아니라 예루살렘에서 죽을 것도 각오하였노라"(행 21:13)고 대답했다. 사도행전 5장 41절에서 언급한 사도들처럼 그는 그리스도의 이름을 위하여 수치를 당하기에 합당한 자로 여겨지는 것을 기뻐했다.

그가 이런 태도를 견지할 수 있었던 것은 사역자라

는 직분이 과분한 하나님의 영광스러운 자비 덕분이라는 확실한 인식이 있었기 때문이다. 이것이 부당하게 공격받을 때 그를 비난하는 대적들에게 격분하면서 그들을 정죄하거나 자신의 업적과 실력을 떠벌리지 않고 사역으로 부르신 하나님의 자비를 언제나 가장 먼저 인정할 수 있었던 이유이기도 하다.

3장
순결한 마음의 필요성에 대한 확신

바울이 주님께 끝까지 충성하는 데 일조한 흔들림 없는 세 번째 확신이 있다. 그것은 바로 다른 사람들이 보지 않는 상황에서도 성결한 생활을 해야 한다는 확신이었다. 바리새인들은 사기의 대가들이었다(마 23:25-28). 그들은 경건의 외양을 유지하는 데 더없이 꼼꼼하고 철두철미했지만, 마음에는 죄악을 품고 있었다. 회심하기 이전의 사울 역시 예외가 아니었다. 그러나 회심한 뒤 그는 위선의 모양조차 단호히 거부했다. 그는 "이에 숨은 부끄러움의 일을 버리고 속임으로 행하지 아니하며"(고후 4:2)라고 썼다.

고린도의 대적들은 바울이 의로운 척하지만 실상은 은밀하게 죄를 즐기는 생활을 하고 있다고 비난하였다. 실제로 고린도후서의 행간을 읽어보면 그가 사도의 지위를 악용해 여성들을 부당하게 이용하고 부도덕한 짓을 한다고 주장할 정도로 그들이 터무니없는 인신공격을 가했음을 짐작할 수 있다. 예를 들어 10장 2절에서 바울은 "우리를 육신에 따라 행하는 자로 여기는 자들"에 대해 언급하면서 그들을 대면할 기회가 생기면 그의 도덕성을 무너뜨리고자 악의적으로 퍼뜨린 비방과 조롱에 대응할 것이라고 말한다. 그리고 그렇게 대면할 때 그들에게 얼마나 담대할 수 있는지 보여줄 것이라고 덧붙인다.

바울의 명예를 실추시키고자 혈안이 된 이 거짓 사도들은 바울이 탐욕스럽고 돈을 좋아해서 사역하고 있다고 비난하였다. 자기 업적을 과대포장하고 자기를 내세우며 자랑하는 사람이라는 말이다. 물론 그들은 이런 비난을 입증할 어떤 증거도 내놓지 못했다. 실제로 어떤 증거도 존재하지 않았다. 그들의 비난은 하나같이 다 거짓말이었다. 그러나 바울은 이런 비난에 맞서 장황하게 스스로 변호하기보다 그의 사역 철학의 기초를 이루는 도덕적 기준을 분명하고 간명하게 언급하는 것으로 대처했다. "우리는 수치를 야기할 어떤 비밀스러운 일도 하지 않았다. 내 인생은 투명하게 다 공개되어 있다."

바울이 완벽한 사람이었는가? 절대 그렇지 않다. 그는 고린도 교인들에게 이 편지를 쓸 때와 같은 사역 무대에서 로마 교회에 편지하며 이렇게 말했다. "곧 선을 행하기 원하는 나에게 악이 함께 있는 것이로다…오호라 나는 곤고한 사람이로다 이 사망의 몸에서 누가 나를 건져내랴"(롬 7:21, 24). 위선을 거부했지만 그 자신의 비참한 타락성을 너무나 잘 알고 있었다. 여기에 서로 모순되는 내용은 전혀 없다. 실제로 로마서 7장의 진술은 고린도후서 4장의 주장을 확인해준다. 그는 자신의 비참한 상태를 인정한다. 숨기려고 하지 않는다. 오히려 그 사실을 적극적으로 인정한다. 그는 그 어떤 바리새인보다 위선을 멀리하였다.

고린도후서 4장 2절에서 "버리고"로 번역된 헬라어 시제는 격언적 단순 과거(gnomic aorist)로, 이 행위가 과거나 현재나 미래에 제한되지 않고 보편적으로 적용되는 진리임을 가리킨다. 여기서는 지속적이고 집요하며 습관적인 행동을 가리킨다. 마치 바울이 "한때 그렇게

했다"고 말한 것처럼 일회성 과거 시제로 쓰이지 않았다. 위선과 속임을 버리는 행위는 지속적이고 흔들림 없는 결단이었다. 그리스도와 함께하는 새로운 삶을 시작하였을 때 그는 바리새주의 교리뿐 아니라 그들의 이중성까지 영구적으로 포기했다.

실제로 바울은 이 서신 서두에서 비슷한 말을 한다. 그의 대적들이 그를 허풍쟁이라고 비난하였기 때문에 그는 이렇게 말했다. "우리가 세상에서 특별히 너희에 대하여 하나님의 거룩함과 진실함으로 행하되 육체의 지혜로 하지 아니하고 하나님의 은혜로 행함은 우리 양심이 증언하는 바니 이것이 우리의 자랑이라"(1:12). 그는 자신의 지식이나 능력, 혹은 성취에 대한 자랑처럼 육신적인 자랑을 하지 않았다. 그가 내세우는 덕이 무엇이든 그 덕은 "육체의 지혜"나 인간적인 장점에 기인한 것이 아니었다. 바울의 성화는 오직 "하나님의 은혜" 덕분이었고, 그는 그 사실을 공개적으로 인정했다.

그러나 바울이 거짓으로 무고하는 자들에게 맞서 그 자신의 양심이 증언하는 내용을 소개한다는 점이 흥미롭다. 얼마든지 나를 비난해봐. 내 양심은 떳떳해. 너희가 나를 정죄하지만 내 양심은 나를 비난하지 않아. 그렇다고 내가 완벽하다는 말은 아니야(참 곤고하고 비참한 존재지). 하지만 내가 죄에서 떠나지 못하고 있다는 뜻은 아니야. 부끄러워 드러내지 못할 일은 마음에 품지도 않았어. 내 양심은 깨끗해.

순수한 마음을 지켜야 할 가치가 여기에 있다. 어떤 일을 겪을지는 중요하지 않다. 양심이 깨끗하다면 정죄당하지 않는다. 양심은 하나님의 선물이다. 양심은 등잔이 아니라 채광창이나 창문과 같다. 그 자체로는 발광하지 못하지만, 하나님 말씀의 빛에 계속 노출되고 깨끗함을 유지하면 양심은 그 빛을 흡수한다. 심지어 어두운 세상 속에서도 그 빛을 받아들인다. 말씀으로 일깨워지는 깨끗한 양심은 우리가 유죄인지 혹은 결백한지에 따라 우리를 정죄하든지 용서하든지 할 것이다.

어떻게 양심을 깨끗하게 하는가? 내면에서 벌어지는 죄와의 싸움에서 이기는 것이다. "우리가 세상에서…하나님의 거룩함과 진실함으로 행하되"라는 바울의 말은 깨끗하고 성결한 생활을 한다는 뜻이다. 이런 생활을 하려면 내면에 있는 악한 생각과 욕망을 비롯해 죄를 죽여야 한다. 예수님은 이 진리를 여러 번 강조하셨다. "마음에서 나오는 것은 악한 생각과 살인과 간음과 음란과 도둑질과 거짓 증언과 비방이니 이런 것들이 사람을 더럽게 하는 것이요"(마 15:19-20). 말씀에 비추인 건강한 양심은 악한 생각을 경계하도록 경고하는 역할을 한다.

찰스 웨슬리(Charles Wesley)는 건전하고 깨끗한 양심을 주시도록 하나님께 구하는 훌륭한 찬송시를 썼다.

> 내면의 원칙을 원합니다.
> 늘 깨어 경건한 두려움을 느끼며
> 죄에 민감하고
> 죄에 대해 고통을 느끼기 원합니다.
> 자만이나 그릇된 욕망을 감지하도록
> 싹만 보여도 알도록 저를 도우소서.
> 제 의지가 방황하지 않도록 붙잡으시고
> 제 안의 불붙는 욕망을 잠재우소서.
>
> 당신이 계심으로 더 이상 방황치 않고

당신의 선하심으로 비통치 않으며
자녀가 품어야 할 경외심과 온화한 양심을
허락하여주시기를 기도합니다.
주님! 제 양심이
빠른 눈동자처럼 민감하게 하옵소서.
죄가 가까이 맴돌 때
제 영혼을 깨우시고
계속 근신하게 하옵소서.

진리와 사랑의
전능하신 하나님,
주님의 능력을 제게 주셔서
영혼의 짐을 옮기시고
제 마음의 곤고함을 없애소서.
고통이 점점 사라지게 하시고
제 영혼을 다시금 일깨우소서.
상처 입은 저의 영혼을 회복시키시고
은혜의 길로 저를 다시 이끄소서.[1]

---

1. Charles Wesley, "I Want a Principle Within", 1749.

바울은 성결한 삶을 살기 위해서는 양심이 깨끗해야 함을 알았다. 다시 말해 마음과 생각의 죄를 다루어야 했다. 그렇게 하지 않으면 악한 욕망을 품을 때 죄를 낳게 되고, 죄가 장성한즉 사망을 낳게 된다(약 1:15).

4장

말씀을 신실하게 선포해야 할 필요성에 대한 확신

바울이 중도에 사역을 포기하지 않을 수 있었던 또 다른 원칙이 있다. 주님 앞에서 하나님의 말씀을 희석하거나 변경하지 말고 정확하고 끈질기게 전해야 한다는 엄중한 의무에 대한 확신이었다. 그는 "속임으로 행하지 아니하며 하나님의 말씀을 혼잡하게 하지 아니하고 오직 진리를 나타냄으로 하나님 앞에서 각 사람의 양심에 대하여 스스로 추천하노라"(고후 4:2)고 말한다.

"속임"이라는 단어는 헬라어 파누르기아(*panourgia*)를 번역한 것이다. 킹 제임스 성경은 이 단어를 "교활함"(craftiness)이라 번역하고, 여러 현대 번역본은 "속임수"(trickery), "사기"(deceit), "기만"(deception)으로 번역한다. 헬라어 단어에는 이 모든 의미가 포함되어 있다. 반면 이런 의미를 모두 함축하는 영어 단어는 없다. 이 단어는 파스(*pas*, '모든')와 에르곤(*ergon*, '일')에서 파생했으며, 자신의 이익에 도움이 된다면 무엇이든 할 수 있다는 의미를 함축한다. 교활하고 교묘하며 음해하는 사람이라는 의미가 있다. 원하는 목적을 이루기 위해서라면 무엇이든 주저하지 않는 기회주의자를 말한다. 파누르기아는 범죄 행위, 범법 행위, 혹은 모든 종류의 고의적 잘못을 가리키는 단어인 카쿠르기아(*kakourgia*)와 발음이 유사하다. 파누르기아라는 단어가 비슷하게 부정적인 의미로 사용되지만 그리 놀랍지 않다. 목적이 수단을 정당화한다는 생각은 필연적으로 부도덕한 행위와 인격을 낳기 마련이다.

앞에서 바울은 "우리는 수많은 사람들처럼 하나님의 말씀을 혼잡하게 하지 아니하고"(2:17)라고 말하였다. "혼잡하게 하는"에 사용된 단어는 '행상'을 뜻하는 카펠로스(*kapēlos*)에서 파생했다. 바울은 본질적으로 "나는 거룩한 진리로 사기를 치지 않는다. 희석시키지도 않고 흥정하려고도 하지 않는다. 길거리 장사꾼처럼 복음을 거래하지 않는다"라고 말하는 것이다.

바울은 4장 2절에서 "하나님의 말씀을 혼잡하게 하

지 아니하고"라고 말할 때 '혼잡하게 하다'를 표현하기 위해 '함정에 빠뜨리다'는 의미의 단어를 사용하였다. 이 단어는 '미끼'(decoy)라는 의미의 단어에서 파생했다. 이 단어는 때로 사람들에게 물을 탄 포도주를 팔았던 부정직한 떠돌이 행상을 가리켜 사용되었다. 그러므로 바울이 말하고자 한 의미는 순진한 영혼들을 꼬드겨 그의 영향권에 들어오도록 어떤 술수도 사용한 적이 없다는 말이다. 거짓 약속이나 희석된 교리, 왜곡된 성경 본문이나 다른 부정직한 술수로 그들을 속이고 기만하지 않았다.

여기서 바울이 말하는 내용은 오늘날 영향력이 큰 수많은 대형 교회가 표방하는 사역 철학과 정반대된다. 우리 세대에서는 실용적인 사역 철학을 표방하며 실리를 따지는 이들이 교회의 대표적인 지도자로 인정받는 경우가 허다한 것 같다. 그들은 군중을 불러모으기 위해서라면 못할 일이 없으며, '오직 진리'를 나타내는 일을 부지런히 회피한다. 인간의 양심에 호소하지 않는다. 핵심적인 복음 진리를 경시하거나 아예 무시하는 경우도 적지 않다. 그들의 영향력은 전반적인 복음주의 운동의 영적 건강에 유해하게 작용한다.

바울은 (그를 음해하고 비난하는 대적들에 대해) 모든 종교적인 속임수를 철저히 거부했음을 명확히 밝힌다. 우둔함을 믿음이라고 착각하는 이들이 세상에 많기 때문에 사기꾼들은 늘 종교에 눈독을 들였다. 순진하고 우매한 사람들은 특별히 종교적 사기에 취약하다. 그들은 이익에 눈이 먼 거짓 선생들의 쉬운 표적이 된다. 바울 역시 회심하기 전 바리새인이었을 때 "속임으로 행하며 하나님의 말씀을 혼잡하게" 하는 데 열심이었음이 분명하다. 예수님이 바리새인들을 정죄하신 한 가지 이유는 성경을 자신들의 기호에 맞게 교묘히 끼워 맞추기 때문이었다. 마가복음 7장 9절에서는 "너희가 너희 전통을 지키려고 하나님의 계명을 잘 저버리는도다"라고 말씀하셨다.

바울은 사도로서 이런 일체의 일을 삼가고 조심했다. 부끄럽고 거짓되고 교묘한 어떤 일도 하지 않았다. 오히려 그는 "오직 진리를 나타냄으로 하나님 앞에서 각 사람의 양심에 대하여 스스로 추천하노라"고 말했다.

"오직 진리를 나타냄으로"라는 말은 하나님의 경륜을 있는 그대로 조금도 축소하지 않고 담대하게 선언했다는 말이다. 21세기 교회에서 이런 모습을 찾아보기가 희귀하다는 사실은 비극이 아닐 수 없다. 바울은 이런 방식이 사역을 대하는 유일하고 본질적인 접근법이라고 생각했다. 종교 사기꾼들은 호소력을 더하도록 성경을 조작하는 일도 서슴지 않는다. 말씀을 마음대로 각색하고 구미에 맞는 내용만 전달한다. 입맛에 맞게 내용을 희석하기도 한다. 세속 문화의 가치와 신념에 어긋나지 않도록 진리를 왜곡하기도 한다. 마치 장난감을 다루듯이 말씀을 다룬다. 오늘날 이런 일을 거리낌 없이 행하며 대중의 큰 인기를 누리는 설교자들이 있다. 그러나 결국 그들은 진리가 존재하는 목적 자체를 무너뜨린다.

로마서 2장 15절은 하나님의 도덕법을 구성하는 기본 내용이 모든 인간의 마음에 기록되어 있으며, 인간의 양심이 그것을 증거한다고 지적한다. 모든 복음 설교자가 죄인과 맺는 효과적인 유일한 연결 지점이다. 복음의 진리를 희석시키는 식으로 죄인의 호의와 존경을 받고자 한다면 친구를 얻을 수는 있어도 회심자는 얻지 못할 것이다.

바울은 "배척과 시련, 고난과 어려움, 반대와 박해를 당하고, 심지어 비난이나 물리적 공격이나 죽음처럼 부당한 취급을 당하더라도 문제가 안 된다. 진리가 스스로 입증하기에 끝까지 진리에 충성하겠다"고 말한다. 진리는 인간의 양심에 스스로 호소한다. 우리가 하나님의 말씀을 변호할 필요가 없다. 그 자체로 영광을 발한다. 그 자체로 힘이 있다.

찰스 호지(Charles Hodge)는 바울에 대해 이렇게 말했다. "[바울은] 진리가 스스로 증명하는 능력이 있어서 배척과 증오의 대상이 될 때에도 스스로 그 참됨을 양심에 천거한다는 사실을 알았다. 겸손하고 진실한 목회자들, 교만하게 스스로 지혜롭다 하지 않는 이들은 하나님이 계시하신 그대로 진리를 선언하고 인간의 양심에 호소한다."[1] 복음을 선포하는 이들에게 참으로 반가운 소식이 아닐 수 없다. 복음을 희석시키거나 변경할

---

1. Charles Hodge, *Commentary on the Second Epistle to the Corinthians* (New York: Robert Carter & Bros., 1860), 83.

이유가 없다. 회심은 우리의 일이 아니기에 조작할 이유가 없다. 바울이 로마서 1장 16절에서 직접 밝힌 대로 복음 자체가 "구원을 주시는 하나님의 능력"이 된다. 이 능력은 복음에 대한 설명이나 인간적인 홍보 전략, 아니면 선포자의 재주나 문화적 취향으로 드러나는 것이 아니라 '오직 진리를 나타냄으로' 드러난다.

또한 바울이 2절 말미에서 말한 대로 우리는 '하나님 앞에서' 사역하고 있음을 기억해야 한다. 하나님이 주시하고 계신다. 그러므로 말씀을 신실하게 전하는 우리의 책무를 태만히 해서는 안 된다.

5장
결과는
하나님께 속한 것이라는
확신

어려움이나 반대에 부딪힐 때 바울이 사용한 방식이 '통하지 않는다'고 섣불리 단정하고 바울의 사역 방식을 포기하는 사역자들이 너무나 많다. 그들은 이런 식으로 말한다. "하나님의 말씀을 조금도 가감 없이 선포하려고 노력했어요. 율법의 엄격한 진리를 전하고 복음의 기쁜 소식을 전했어요. 하나님이 말씀으로 죄인들을 깨우쳐주실 것을 믿었어요. 그런데 우리 교회는 여전히 성장하지 못했어요. 우리 마을에는 스모크 머신, 조명, 대중문화에 편승한 설교로 사람들을 끌어모으는 대형 교회가 있어요. 그런 교회는 주일마다 수천 명의 사람으로 북적거려요. 얼마 전부터 우리도 그 방식을 사용하고 있습니다. 1세기에나 통했던 방식은 이제 중단하고 시대에 순응하기로 결정했답니다. 바울의 방법을 시도해보았지만 별다른 결실이 없었으니까요."

무엇보다 먼저 바울이 복음을 선포한 뒤 심각한 부정적 반응에 부딪힐 때가 적지 않았음을 기억하자. 루스드라에서는 돌에 맞고 거의 죽게 되었다(행 14:19). 에베소에서 사역을 시작하였을 때는 도시 전체에 폭동이 일어났다(행 19:23-39). 고린도 교회는 문제와 갈등으로 얼룩졌다. 소아시아 교회들은 너무나 쉽게 신적 은혜의 교리를 폐기했다(갈 5:4).

그러나 바울은 결과가 자신에게 달려 있지 않음을 알았다. "나는 심었고 아볼로는 물을 주었으되 오직 하나님께서 자라나게 하셨나니"(고전 3:6)라고 말했다. "모든 성경은 하나님의 감동으로 된 것으로 교훈과 책망과 바르게 함과 의로 교육하기에 유익하니"(딤후 3:16). 하나님의 말씀은 확신을 갖고 분명하게 선언할 때 결과가 비록 더디게 나타나더라도 항상 열매를 맺는다. 실제로 하나님의 말씀이 사역 전략의 핵심이 되어야 한다고 강조하는 가장 강력한 내용은 이사야 55장 10-11절에서 하나님이 직접 주신 약속에 압축되어 있다.

"이는 비와 눈이 하늘로부터 내려서 그리로 되돌아가지 아니하고 땅을 적셔서 소출이 나게 하며 싹이 나게 하여 파종하는 자에게는 종자를 주며 먹는 자에게는 양식을 줌과 같이 내 입에서 나가는 말도 이와 같이 헛되이 내게로 되돌아오지 아니하고 나의 기뻐하는 뜻을 이루며 내가 보낸 일에 형통함이니라."

때로 하나님의 계획은 가르치고 의로 교육하는 데 있지만, 때로 책망하고 바르게 하는 것이 하나님의 계획일 때도 있다. 복음은 듣고 믿는 자들에게 생명에서 생명에 이르게 하는 향기가 된다. 그러나 멸망으로 인도하는 넓은 길로 가고자 하는 '많은 사람'에게 복음은 죽음에서 죽음에 이르게 하는 향기다(고후 2:15-16). 어느 경우든, 진리를 온전하고 명확하게 성실함으로 전하면 우리 몫의 책임을 다하게 된다. 결과는 하나님의 영역이다. 바울이 오늘 본문에서 밝힌 대로 "만일 우리의 복음이 가리었으면 망하는 자들에게 가리어진 것이라 그 중에 이 세상의 신이 믿지 아니하는 자들의 마음을 혼미하게 하여 그리스도의 영광의 복음의 광채가 비치지 못하게 함이니 그리스도는 하나님의 형상이니라"(고후 4:3-4).

긍정적 반응을 최대한 끌어내기 위해 부정직한 방식으로 조작하거나 메시지의 내용을 순화하는 것은 결코 옳지 않다. 그렇게 한다는 것은 사역자가 그 결과에 대해 최소한 일부라도 책임을 지겠다는 말이다. 복음의 메시지를 수정한 '결과'는 항상 부정적이다. 설령 이런 방식으로 긍정적 반응을 얻는 듯 보여도 그 효과는 오래 가지 않는다. 이 시대에는 필요에 맞게 가공된 가짜 '복음들'이 가짜 회심자들로 교회를 가득 채웠다. 이들은 실제로 자신들의 죄책이 얼마나 무겁고 두려운 것인지 혹은 예수를 주로 신뢰한다는 것이 어떤 의미인지 전혀 모른다.

바울은 복음에 부정적으로 반응하는 이들에 대해 강력한 경고를 보낸다. 그는 우리 복음이 가려 있으면 이유가 있다고 말한다. 복음을 증거하거나 선포할 때 우리는 바울이 "망하는 자들"(3절)이라고 확인해준 사람들에게 복음을 전하고 있는 것이다. 바울은 고린도전서 1장 18절에서 동일한 범주의 사람들을 언급한 적이 있다. "십자가의 도가 멸망하는 자들에게는 미련한 것이요 구원을 받는 우리에게는 하나님의 능력이라." 그는 영적으로 죽었고 태어날 때부터 영적으로 눈먼 사람들에 대해 말하고 있다(엡 2:1-3). 고린도후서 4장 4절에서는 이 세상의 신인 사탄이 그들의 생각을 혼미하게 함으로 이중으로 눈이 먼 상태라고 말한다. 그들은 완전히 눈이 멀었다. "하나님의 형상인 그리스도의 영광의 복음의 빛"을 볼 수 없다.

온 우주에서 그리스도의 영광보다 더 밝게 빛나는 것은 없다. 영원한 하늘에서도 마찬가지다. 그리스도의 영광은 "예수 그리스도의 얼굴에 있는 하나님의 영광"(6절)이다. 눈을 뜨고 볼 수 없을 정도로 환한 빛이지만, 불신자들의 눈에는 보이지 않는다. 그들은 영적으로 완전히 죽은 상태므로 그 빛을 전혀 볼 수 없다. 불신자들에게 복음을 전할 때 염두에 두어야 할 이들이 바로 이런 자들이다.

바울은 고린도전서 1장 18절에서 두 번째 범주를 거론한다. "구원을 받는 우리에게는 하나님의 능력이라."

고린도후서 2장 15절 역시 동일한 두 범주를 거론한다 ("구원 받는 자들에게나 망하는 자들"). 모든 인간은 이 두 범주 중 하나에 속한다.

"믿지 아니하는 자들"과 "구원 받는 자들"을 가르는 것은 무엇인가?(4:4) 선택받은 자들 역시 복음을 듣기 전에 불신자들이 아니었는가? 바울은 고린도 교인들에게 보내는 첫 번째 서신의 서론에서 이 질문을 세밀하게 다루었다. 어떤 인간도 하나님의 존전에서 자랑할 것이 없다고 말한 직후 "너희는 하나님으로부터 나서 그리스도 예수 안에 있고"라고 말한다(고전 1:29-30). 다시 말해 하나님의 구원하시는 은혜로 눈을 가리는 수건이 제거되면 "구원 받는 자들"은 예수 그리스도의 얼굴에서 하나님의 영광을 볼 수 있다. 바울이 "자랑하는 자는 주 안에서 자랑하라"(31절)고 말한 이유가 이 때문이다. 또한 고린도후서 4장 5절에서 "우리는 우리를 전파하는 것이 아니라 오직 그리스도 예수의 주 되신 것과 또 예수를 위하여 우리가 너희의 종 된 것을 전파함이라"고 말한 이유이기도 하다.

서두에서 지적한 대로 이 절은 바울의 사역 철학의

핵심이자 완벽한 요약이다. 모든 참된 사역에서 확인할 수 있는 진정성의 증표다.

바로 앞뒤 문맥이 중요하다. 바울은 사람들이 타락한 자연 상태에서는 영적으로 완전히 눈이 멀어 있으며, 절망적인 망각 상태에 있으므로 "예수 그리스도를 주님으로" 선포하였다고 말한다. 복음("구원을 위한 하나님의 능력")은 영적 죽음의 어둠을 몰아낼 수 있는 유일한 수단이다.

성경에서 우리를 가장 낙망하게 하는 교리를 꼽는다면 인간 타락의 교리라고 할 수 있다. 불신자들은 영적으로 죽어 있는 상태이므로 하나님을 사랑하고 순종하거나 기쁘시게 해드릴 능력이 없다(롬 8:7-8). 자발적인 의지로 그를 믿을 수도 없다. 그러나 적대적인 세상에 복음을 전하고자 할 때 죽은 죄인을 깨우는 것은 우리의 능력 밖이라는 사실이 또 다른 의미에서 고무적으로 다가온다. 이것은 복음의 진리를 공개적으로 전하고, 끝까지 신실하며, 하나님이 보시기에 모든 이의 양심에 호소하는 것이 우리의 유일한 의무라는 말이다. 하나님이 직접 복음으로 구원하실 자들의 눈을 여시고 마음을 꿰뚫어주실 것이다. 복음이 인간을 구원하는 데 하나님이 사용하실 유일한 수단이 분명하다면 우리가 어떤 기술이나 탁월한 전략을 구사한다 하더라도 사역의 결과에 결정적인 영향을 미치지 않는다.

다시 말해 끝까지 인내하며 그리스도께 충성하는 사역자는 하나님의 주권적 구원의 은혜라는 위대한 진리에 닻을 내려야 한다. 하나님은 영적 생명이 없는 비활성 상태에서 죄인들이 깨어나도록 하시는 분이다(엡 2:4-10). 바울은 고린도후서 본문에서 이렇게 힘주어 강조한다. "어두운 데에 빛이 비치라 말씀하셨던 그 하나님께서 예수 그리스도의 얼굴에 있는 하나님의 영광을 아는 빛을 우리 마음에 비추셨느니라"(고후 4:6). 하나님을 믿지 않는 자들이 그 빛을 볼 수 있는 유일한 길은 하나님이 창조의 기적을 베푸셔서 영혼이 깨어나게 하는 것이다. 하나님이 처음에 "빛이 있으라"(창 1:3)고 말씀하시자 빛이 있었던 것처럼 오직 말씀만으로 죽은 죄인들을 깨우셔서 당신의 영광의 빛을 보게 하실 수 있다.

우리는 단순히 하나님의 말씀을 신실하게 선포하기

만 하면 된다. 하나님이 이런 우리의 순종을 사용하셔서 그분의 선하시고 기뻐하시는 뜻을 이루실 것이다. 누군가의 영원한 운명이 목회자로서 나의 능력에 달려 있다고 생각한다면 입을 다물고 아무 말도 못할 것이다. 그런 엄중한 책임의 무게를 견뎌내지 못할 것이다. 우리는 하나님이 선포된 말씀을 사용하셔서 한 영혼을 돌이키실 때 칭찬을 듣고자 하지 않는다. 바울처럼 영혼의 구원에 대한 영광은 모두 하나님께 돌아가야 함을 흔쾌히 인정한다. 사역의 결과가 나의 능력이나 지혜에 달려 있다고 생각한다면 하나님이 섬기도록 부르신 방법으로는 결코 사역할 수 없을 것이기 때문이다.

바울은 사역의 결과가 전적으로 우리 주권자 하나님께 달려 있음을 알았기 때문에 끝까지 충성할 수 있었다. 그렇지 않았다면 자신의 사역과 일생의 마지막을 보고 극히 낙심하거나 심지어 절망할 수밖에 없었을 것이다.

6장
자신의 무가치함에 대한 확신

하나님의 주권성에 대한 확신과 더불어 바울은 스스로 아무것도 아니라는 강한 확신이 있었기에 끝까지 충성할 수 있었다(고전 3:7, 고후 12:11). 바울은 자신을 신뢰하지 않았다. 자신을 가리켜 "죄인 중에 괴수"(딤전 1:15), "사도 중에 가장 작은 자…사도라 칭함 받기를 감당하지 못할 자"(고전 15:9), "모든 성도 중에 지극히 작은 자"(엡 3:8)라고 불렀다. 본문인 고린도후서에서는 "우리가 이 보배를 질그릇에 가졌으니 이는 심히 큰 능력은 하나님께 있고 우리에게 있지 아니함을 알게 하려 함이라"(4:7)고 썼다.

바울은 자신을 값으로 매길 수 없는 보물을 담은 볼품 없는 그릇이라고 생각했다. 그 보물은 무엇인가? "예수 그리스도의 얼굴에 있는 하나님의 영광을 아는"(고후 4:6) 지식이다. 바로 복음을 말한다. 바울은 복음을 위탁받았고 그것을 선포하도록 부름받았다. 그는 이 복음을 모든 보물 중에 가장 귀하며, 어떤 보물보다 그 가치가 뛰어난 혹은 모든 보물을 합친 것보다 더 중요한 것이라고 보았다. 자기 자신에 대해서는 진흙으로 만든 볼품없는 그릇이라고 생각했다. 그러나 이런 설명은 바울 자신뿐 아니라 그리스도가 온 세상에 복음을 전하도록 위탁하신 우리 모두에게 해당한다. 우리는 결국 흙으로 만들어진 질그릇에 지나지 않는다.

놀라운 대조가 드러난다. 예수 그리스도의 얼굴에 있는 하나님의 영원한 영광이 복음으로 죄인들에게 계시된 것이다. 복음이 연약하고 허물 많고 추한 메신저인 "질그릇"으로 온 세상에 전해진다.

바울이 그를 비판하는 고린도 사람들에게 이렇게 반응했다는 사실을 기억하라. 그들은 그가 보기에 볼품이 없다고 말했다. "그가 몸으로 대할 때는 약하고 그 말도 시원하지 않다"(고후 10:10)고 조롱했다. 역시 그는 그런 비난을 반박하고자 시도하지 않았다. 그는 그 사실을 인정했다. 그런 비난에 수치스러워하거나 당황하지 않았다. 자신을 진흙을 말려 만든 값싼 질그릇에 비유했다. 그 자체로는 아무 가치 없는, 쉽게 깨지고 언제든지 대체가능하며 평범하고 볼품없는 존재라고 생각했다. 오직 만든 자와 주인의 처분에 그 용도가 결정되는 존재라는 것이다.

바울은 과장해서 말한 것이 아니었다. 완벽히 적절한 심상을 사용했다. 여타 사람들처럼 바울도 불완전한 존재였다. 그는 그 사실을 인정하기를 조금도 부끄러워하지 않았다. 바울이 스스로에 대해 말한 내용은 모든 목회자에게도 해당한다. A. T. 로버트슨(A. T. Robertson)의 말대로 "하나님이 볼품없는 악기와 가냘픈 목소리를 사용하실 수 없다면 어떤 음악도 만들지 않으실 것이다."[1] 아무리 뛰어나고 훌륭한 사람이라고 해도 연약하고 허점이 있다. 히브리서 11장에 소개된 믿음의 영웅은 모두 흙으로 만든 인간에 불과했다. 혹은 그보다 더 좋게 보아도 (바울의 메타포를 그대로 적용하면) 전적으로 흙으로 만든 그릇에 지나지 않았다.

---

1. A. T. Robertson, *The Glory of the Ministry: Paul's Exultation in Preaching*(London: Revell, 1911), 147.

질그릇은 오직 그 그릇을 만드는 토기장이의 실력 덕분에 유용성을 인정받는다. 그 자체로는 그대로 방치하면 돌처럼 굳어져 쓸모없는 진흙 덩어리에 지나지 않을 것이다. "진흙"으로 번역된 형용사는 오스트라키노스(ostrakinos)로, 진흙 그릇(terra cotta)에 해당하는 단어다. 그는 고급 도자기가 아니라 아무 장식도 하지 않은 볼품없고 평범한 질그릇을 말하고 있다.

바울은 디모데후서 2장 20절에서 "큰 집에는 금 그릇과 은 그릇뿐 아니라 나무 그릇과 질그릇도 있어 귀하게 쓰는 것도 있고 천하게 쓰는 것도 있나니"라고 말한다. 질그릇은 집안의 집기 중 가장 저렴하고 흔한 그릇이다. 쉽게 처분할 수 있다. 그러나 때로는 귀하게, 때로는 천하게 매우 다양한 용도로 사용되었다.

바울 시대에 왕이나 부자들은 보통 금을 비롯한 귀중품들을 단순한 질그릇에 보관하곤 했다. 이렇게 귀중품을 담은 질그릇은 땅에 묻어 안전하게 보관했을 것이다. 그러나 이런 종류의 그릇은 실제로는 집안의 잡다한 물품들을 담는 것처럼 일상적인 용도로 쓰기에 더 적절했다.

토머스 모어(Thomas More)는 가톨릭에서 성인으로 숭앙하는 인물이다. 그러나 그가 마르틴 루터를 지적하며 사용한 언어는 너무나 상스러워서 여기에 그대로 소개할 수가 없을 정도다. 그는 마르틴 루터를 "시끄럽게 떠들어대는 보잘것없는 탁발승, 비듬 같은 놈, 해충 같은 익살꾼, 거짓말쟁이"라고 불렀다.[2] 그러나 무엇보다 그는 루터를 요강에 비유하는 식으로 모욕하기를 즐겼다.

> [루터]의 입 안에는 오물과 똥과 오줌밖에 들어 있지 않은지 어떤 어릿광대보다 더 지저분하고 저속하게 광대놀음을 한다. 사람들은 오물을 대야에 뱉지만, 이 자처럼 배설물을 자기 입에다 쏟아 넣는다고 남들의 조롱을 대놓고 받는 어리석은 자는 일찍이 없었다…그는 지옥에 자신을 통째로 갖다 바쳤다…그가 자신의 펜이나 입을 더럽힌 오물을 삼키고 똥을 핥는다면 그렇게 심

---

2. Peter Ackroyd, *The Life of Thomas More*(London: Anchor, 1998), 226에서 인용.

각한 문제를 심각한 방식으로 쟁론하기에 부족함이 없는 적합한 인물일 것이다. 그러나 시작할 때처럼 계속해서 광대 짓을 하거나 미친 듯이 악을 쓰고, 비방을 퍼붓거나 말도 안 되는 짓거리를 입에 담는다면, 미친 사람처럼 굴고, 저속한 어릿광대짓을 하고, 입에 오물이나 똥, 폐수 같은 것만 담고 다닌다면 사람들이 마음대로 하도록 두자. 우리는 오물과 똥이 입에 가득하고 미쳐 발광하는, 머리에 똥만 찬 이 작자를 그냥 내버려두라고 적절히 충고해야 할 것이다.[3]

토머스 모어는 루터를 '술주정뱅이 신부'라고 거듭 조롱했다.[4] 루터는 기분이 좋을 때면 (바울처럼) 그 사실을 흔쾌히 인정하곤 했다. 그는 여러 면에서 결점이 많은 사람이었고 스스로 그 사실을 잘 알고 있었다. 그를 비방하는 사람들이 머쓱해질 정도로 루터는 자신의

---

3. Thomas More, *The Complete Works of St. Thomas More*, 5권, Responsio ad Lutherum, John M. Headley 번역, Elizabeth F. Rogers 번역(New Haven, CT: Yale University Press, 1969), 683.
4. 같은 책, 315, 317, 351.

무가치함을 상기시키는 말을 주저하지 않았다. 자신이 흙으로 만든 그릇임을 잘 알고 있었다. 그는 "우리는 모두 흙에 속한 자들이다. 이것은 의심할 여지가 없는 사실이다"라고 말했다.[5]

이사야 역시 비슷하게 "나는 입술이 부정한 사람이요 나는 입술이 부정한 백성 중에 거주하면서"(사 6:5)라고 말했다. 이사야의 이 고백은 바울의 유명한 탄식을 떠올리게 한다. "오호라 나는 곤고한 사람이로다 이 사망의 몸에서 누가 나를 건져내랴"(롬 7:24). 고린도전서 4장 13절에서는 "우리가 지금까지 세상의 더러운 것과 만물의 찌꺼기 같이 되었도다"라고 말한다. 그는 쓰레기통을 비우면 바닥에 남는 냄새나고 더러운 찌꺼기를 가리키는 두 헬라어 명사를 사용한다. 바울이 자신을 과대 포장하거나 미화하지 않았음은 분명하다.

영광스러운 복음의 능력은 원래 우리 소유가 아니다. 우리는 이 보배로운 보물을 담는 질그릇일 뿐이다. 우리는 연약하다. 평범하고, 볼품없으며, 쉽게 부서지

---

5. Martin Luther, *Table Talk*, 54권, Luther's Works, Theodore G. Tappert and Helmut T. Lehmann 편집(Philadelphia: Fortress, 1967), 277.

고, 천한 존재다. 그러나 우리 연약함 때문에 복음의 능력이 축소되지는 않는다. "이 복음은…구원을 주시는 하나님의 능력이 됨이라"(롬 1:16).

7장

고난의
유익에 대한
확신

고린도후서 4장 중반에 나오는 여러 구절은 바울이 끝까지 신실할 수 있었던 또 다른 강력한 확신에 대해 지면을 할애하고 있다. 다시 말해 그는 고난의 유익을 알고 있었다. 그는 질그릇일 뿐 아니라 어떤 콘테스트에서도 상을 탈 수 없는 두들겨 맞고 찌그러진 질그릇이었다.

> "우리가 사방으로 우겨쌈을 당하여도 싸이지 아니하며 답답한 일을 당하여도 낙심하지 아니하며 박해를 받아도 버린 바 되지 아니하며 거꾸러뜨림을 당하여도 망하지 아니하고 우리가 항상 예수의 죽음을 몸에 짊어짐은 예수의 생명이 또한 우리 몸에 나타나게 하려 함이라 우리

살아 있는 자가 항상 예수를 위하여 죽음에 넘겨짐은 예수의 생명이 또한 우리 죽을 육체에 나타나게 하려 함이라 그런즉 사망은 우리 안에서 역사하고 생명은 너희 안에서 역사하느니라"(8-12절).

8절과 9절에는 대조를 이루는 내용 네 가지가 등장한다. 모두 끝까지 견디고자 하는 바울의 결심이다. "우겨쌈을 당하여도 싸이지 아니하며." "답답한 일을 당하여도 낙심하지 아니하며." "박해를 받아도 버린 바 되지 아니하며." "거꾸러뜨림을 당하여도 망하지 아니하고." 이어서 10-12절은 죽음과 생명이라는 다섯 번째 대조적 내용을 설명한다. 바울은 이 모든 고백을 통해 고린도 교인에게 "내가 고난을 받음으로 결국 너희가 유익을 얻는다"라고 말한다.

바울은 12장에서 그가 당하는 고난의 유익에 대해 집중적으로 설명한다. 그는 먼저 가장 높은 셋째 하늘로 이끌려 올라갔던 말로 다 할 수 없는 특권을 누렸다고 말한다. "그가 몸 안에 있었는지 몸 밖에 있었는지

나는 모르거니와 하나님은 아시느니라"(3절). 다시 말해 그 경험이 너무나 생생해서 실제로 하늘로 이동했던 것인지 환상으로 본 것인지 알지 못할 정도라는 말이다. 어떤 경우든, 이것은 누구도 하지 못한 경험이었다. 그러나 바울은 이 경험과 관련해 이 밖의 다른 내용은 거의 말하지 않는다. 그 하늘이 어떻게 생겼는지 어떤 설명이나 묘사도 하지 않는다. 대신 이렇게 말한다. "여러 계시를 받은 것이 지극히 크므로 너무 자만하지 않게 하시려고 내 육체에 가시 곧 사탄의 사자를 주셨으니 이는 나를 쳐서 너무 자만하지 않게 하려 하심이라"(7절). 두 번이나(문장을 시작할 때 한 번, 마지막에 한 번) 자만하지 않도록 육체의 가시를 받았다고 언급한다.

그는 나무 조각보다 더 큰 물체를 의미하는 단어를 사용해 "가시"를 표현한다. 이것은 기둥이나 텐트의 말뚝을 가리킬 때 사용하는 단어다. 이 가시는 장미 가시가 아니라 살을 뚫고 들어오는 날카로운 막대기에 더 가깝다. 이런 예리한 막대기가 살을 뚫고 들어오면 상처와 고통이 이루 말할 수 없을 것이다.

실제로 나무 막대가 그의 살을 파고 들었다는 말이

아니다. 가시는 극심한 고통을 유발하며 사라지지 않는 아픔과 괴로움을 상징하는 메타포다. 단순히 따가운 수준이 아니라 혼이 나갈 정도로 고통스러운 자상을 연상하게 한다. 상처에는 살을 뚫고 들어온 칼끝이 그대로 남아 있다. 그는 이것이 사탄의 사자라고 말한다. 그러므로 그는 질병이나 불구 상태가 아니라 어떤 사람을 말하고 있는 것으로 보인다. 이 사람이 누구든 사탄의 도구가 되어 바울을 극렬하게 괴롭혔다. 그는 고린도에서 바울의 인격과 명성에 대해 공격을 주도한 거짓 교사일 가능성이 매우 높다. 바울은 고통의 원인을 제거해달라고 주님께 세 번이나 기도했지만, 주님은 대사도가 겸손하도록 그 고통을 제거해주지 않으셨다. 사역에 늘 고통이 따르는 한 가지 이유는 하나님이 사역자들을 겸손하게 하시고자 주로 이 방법을 사용하시기 때문임이 분명하다.

하나님은 바울에게 "내 은혜가 네게 족하도다"(9절)라고 말씀하셨다. 우리는 연약할 때 하나님의 은혜를 더욱 붙들게 된다. 또한 우리가 연약할 때 하나님의 은혜가 더욱 선명하게 드러나게 된다. 예수님은 요한복음 15장 5절에서 "나를 떠나서는 너희가 아무 것도 할 수 없음이라"고 말씀하셨다.

가시를 제거해주지 않으실 것을 알았을 때 바울은 어떤 반응을 보였는가? 그는 이렇게 말한다. "그러므로 도리어 크게 기뻐함으로 나의 여러 약한 것들에 대하여 자랑하리니 이는 그리스도의 능력이 내게 머물게 하려 함이라 그러므로 내가 그리스도를 위하여 약한 것들과 능욕과 궁핍과 박해와 곤고를 기뻐하노니 이는 내가 약한 그 때에 강함이라"(고후 12:9-10).

귀신의 하수인인 지도자와 그가 이끄는 일단의 거짓 선생들이 고린도 교회에 침투했다. 그들은 바울이 설립했고 지금도 지극히 사랑하는 이 교회를 분열시키고 찢는 데 앞장섰다. 이 교회의 교인들은 바울의 영적 자식들이었고, 바울은 말로 다 할 수 없는 애정으로 그들을 가슴에 품고 있었다. 그들이 죄를 짓기라도 하면 그는 너무나 고통스러웠다. 그 교회에 문제가 생기면 언제라도 도움을 베풀 준비가 되어 있었다. 그래서 그는 끊임없이 고통을 안기는 이 사탄의 시험을 없이 해주시기를 간구한다. 그러나 주님은 "아니, 너는 겸손해야 한다. 네 힘이 약한 데서 얻어진다는 사실을 배워야 한다"고 말씀하신다.

12장의 전체 그림은 4장 10절에서 "항상 예수의 죽음을 몸에 짊어짐은"이라는 바울의 말을 이해하는 데 도움이 된다. 그가 당하는 모든 고통과 고난과 심지어 죽음조차 그리스도에 대한 대적들의 심각한 모독과 비난에 원인이 있었다. 그들이 실제로 고통스럽게 하고 싶은 이는 그리스도였다. 하지만 그리스도는 지상에 계시지 않았고, 따라서 그들은 그를 대표하는 사람을 괴롭히기로 작정했다.

그들은 악의로 바울을 괴롭혔지만, 하나님은 그 일을 선하게 이용하셨다. 바울의 고난이 유익하게 사용되도록 하셨다. "예수의 생명이 또한 우리 몸에 나타나게 하려 함이라." 바울은 다음 절에서 이 점을 다시 강조한다. "우리 살아 있는 자가 항상 예수를 위하여 죽음에 넘겨짐은 예수의 생명이 또한 우리 죽을 육체에 나타나게 하려 함이라"(4:11). 12절에서 이 점을 다시 말한다. "그런즉 사망은 우리 안에서 역사하고 생명은 너희 안에서 역사하느니라." 다시 말하자면 이렇다. "나는 내 생명을 내놓았다. 박해를 당하고 고문을 당한다. 내가 박해를 당하는 것은 약하게 되기 위해서다. 이렇게 나의 약한 데서 너희를 살리는 영적 힘이 나온다."

목회자들이 기꺼이 고난을 받아야 할 이유가 여기에 있다. 고난을 기꺼이 받아들이지 않는 사람은 사역을 저버리거나 정상에 도달하기 전에 중도에 포기하거나 완전히 믿음을 저버릴 가능성이 높다.

당연하겠지만 그리스도는 대적들에게 끊임없는 감시를 받았고 결국 죽임을 당하셨다. 바울은 주님과 같은 길을 걸어갔다. 그러나 그 길을 가는 동안 하나님은 그의 연약함에도 놀라운 능력으로 역사하셨다. 사도 바울의 재능, 지성, 능력만으로는 그가 일생을 다한 사역이 미친 놀라운 영향력을 결코 설명할 수 없다. 그의 고백을 빌리면 그는 비천하고 연약한 질그릇에 지나지 않았다. 온 세상이 그를 조롱했다. 그는 연약했고 대적들에게 조롱을 당했다. 실제로 모든 친구가 그를 버렸다. 그러나 하나님은 바울의 바로 그런 연약함을 사용하셔서 거룩한 은혜의 능력과 완전성을 보여주셨다.

8장
용기의 필요성에 대한 확신

바울이 끝까지 신실할 수 있었던 또 다른 요인으로 담대하게 그리스도를 섬기겠다는 그의 결단을 꼽을 수 있다. 간단히 말해 바울은 그리스도를 섬기는 사역이 쉬울 것이라고 생각한 적이 없었고, 따라서 시련이 닥쳐도 충분히 예상한 상황이었으므로 낙심하지 않았다. 그는 두려워하지 않았고 담대했다.

바울의 용기는 여러 면에서 확인할 수 있다. 예를 들어, 사도행전 27장에서 바울은 죄수의 몸으로 로마로 호송되는 중이었고, 그곳에서 재판을 받을 예정이었다. 맞바람이 거세게 불어와 배는 항로를 이탈해 폭풍에 휘말렸다. 결국 배는 몰타 해안 근처에서 난파하고 말았다. 이 모든 시련에도 바울은 초자연적인 평온함과 놀라운 리더십을 발휘했고, 결국 배에 탄 모든 사람이 바울의 놀라운 용기 덕분에 목숨을 건졌다. 바울은 죄수의 신분이었으므로 그 배에서 가장 직급이 낮은 사람이었을 것이다. 해변에서 불을 피우고 몸을 말리던 중 바울은 "나무 한 묶음을 거두어 불에 넣으니 뜨거움으로 말미암아 독사가 나와 그 손을 물고 있는지라"(행 28:3). 바울은 침착하게 "그 짐승을 불에 떨어 버리매 조금도 상함이 없더라"(5절). 바울의 이런 모습은 고린도후서 11장 23-26절에서 소개한 대로 온갖 고난에도 그가 보여주었던 용기와 결단의 아름다운 모습을 상징한다. 다시 한번 그 고난을 살펴보자.

> "내가 수고를 넘치도록 하고 옥에 갇히기도 더 많이 하고 매도 수없이 맞고 여러 번 죽을 뻔하였으니 유대인들에게 사십에서 하나 감한 매를 다섯 번 맞았으며 세 번 태장으로 맞고 한 번 돌로 맞고 세 번 파선하고 일 주야를 깊은 바다에서 지냈으며 여러 번 여행하면서 강의 위험과 강도의 위험과 동족의 위험과 이방인의 위험과 시내의 위험과 광야의 위험과 바다의 위험과 거

짓 형제 중의 위험을 당하고 또 수고하며 애쓰
고 여러 번 자지 못하고 주리며 목마르고 여러
번 굶고 춥고 헐벗었노라."

  바울은 세 번이나 파선했지만 성경에는 그 중 한 번만 기록되어 있다. 이 말은 사도행전에 기록된 수많은 시련이 바울이 담대하게 감당했던 가혹한 시련 중 아주 일부에 불과할 수 있다는 말이다.

  바울이 돌에 맞아 죽을 뻔했던 때를 특별히 주목할 필요가 있다. 누가는 이 사건을 사도행전 14장에서 아주 간단하게 언급하고 넘어간다. 당시 바울은 루스드라에서 사역하고 있었고, 일부 유대인이 이고니온에서 루스드라까지 그를 쫓아왔다. 그들은 바울을 살해할 음모를 꾸몄다. 이고니온에서 그와 그의 선교 팀이 "함께 유대인의 회당에 들어가 말하니 유대와 헬라의 허다한 무리가 믿었기"(행 14:1) 때문이었다. 바울의 대적들은 루스드라 근방에서 그를 붙잡았고, "무리를 충동하니 그들이 돌로 바울을 쳐서 죽은 줄로 알고 시외로 끌어 내치니라"(행 14:19). 바로 다음 절은 "제자들이

둘러섰을 때에 바울이 일어나 그 성에 들어갔다"고 말한다. 그가 루스드라로 곧장 돌아가서 자기 물건을 챙겨 다음 도시로 이동했고 다시 복음을 전하기 시작했다는 사실을 유의해서 보라. 그것으로 다가 아니었다. 그다음 절은 "복음을 그 성에서 전하여 많은 사람을 제자로 삼고 루스드라와 이고니온과 안디옥으로 돌아가서"(21절)라고 말한다. 다시 말해 바울 일행은 바울이 돌에 맞아 거의 죽을 뻔했던 도시로 곧장 돌아갔을 뿐 아니라, 그를 죽이려는 무리로 득실대는 두 도시로 돌아갔다는 말이다.

바울은 마지막 선교 여행을 마치고 예루살렘으로 돌아가던 중 가이사랴에 들렀다. 선지자 아가보가 바울을 찾아와 그가 체포되고 이방인 당국자들에게 넘겨질 것이라고 예언했다. 바울은 어떻게 반응했을까? "나는 주 예수의 이름을 위하여 결박 당할 뿐 아니라 예루살렘에서 죽을 것도 각오하였노라"(행 21:13). 그는 가이사의 법정에 서서 세계 최강의 권력자에게 복음을 전하고 싶었다. 그 권력자는 지구상에 생존했던 가장 악한 자 중 하나라는데 이견이 없는 인물이다. 바로 네로다. 바울은 네로가 그리스도인을 경멸하고 무차별로 살육하고 있음을 알았다. 황제에게 복음을 전하다가 목숨을 잃을 수 있음을 그는 잘 알고 있었다. 결국 그대로 되었다. 순교를 앞두고 그는 이렇게 썼다. "전제와 같이 내가 벌써 부어지고 나의 떠날 시각이 가까웠도다 나는 선한 싸움을 싸우고 나의 달려갈 길을 마치고 믿음을 지켰으니 이제 후로는 나를 위하여 의의 면류관이 예비되었으므로 주 곧 의로우신 재판장이 그 날에 내게 주실 것이며"(딤후 4:6-8).

그리스도를 섬기는 일이 대가를 요구한다는 사실을 오래전부터 잘 알고 있던 그는 고린도후서 4장 13절에서 "기록된 바 내가 믿었으므로 말하였다 한 것 같이 우리가 같은 믿음의 마음을 가졌으니"라고 말했다. 다시 말해 그의 확신은 성경에 근거한 것이었다. 이 문맥에서 생과 사의 긴장을 강조하고 있으므로 그는 시편 116편 8-10절의 기도를 떠올린다. 시편 기자는 이렇게 기도한다.

"주께서 내 영혼을 사망에서,

내 눈을 눈물에서,

내 발을 넘어짐에서 건지셨나이다

내가 생명이 있는 땅에서

여호와 앞에 행하리로다

내가 크게 고통을 당하였다고 말할 때에도

나는 믿었도다."

칠십인역을 보면 잘 드러나지만, 바울은 이 시편 10절의 일부 구절을 차용해 시편 기자처럼 믿음을 선언한다. "내가 믿었으므로 말하였다"(고후 4:13).

나는 이 구절의 단순함과 단도직입적인 어조가 참 좋다. 우리는 믿는 대로 말한다. 바울은 "확신이 있으니 용기가 생긴다. 진심으로 무엇인가를 믿는다면 그대로 말할 것이다. 수정하거나 편집하지 않을 것이다"라고 말하는 것이다.

사람들은 때로 내 설교에 사람들이 어떤 반응을 보일지 신경을 쓰는 편이냐고 묻는다. 특별히 대중의 여론이나 정치적 올바름에서 벗어날 수 있는 주제를 다룰 때는 어떤지 묻는다. 대답은 '아니다'이다. 나는 중

재자나 중개인이 아니라 그리스도의 대사로 부름을 받았다. 인간적 의견과 신적 계시의 절충점을 조정하는 임무가 아니라 하나님의 메시지를 전달하는 책임을 맡은 것이다. 하나님의 말씀을 선포하도록 위임받은 것이다. 나는 외교관이 아니라 설교자로서 생각해야 한다. 말씀을 선포할 때 "이것이 진실인가?"라는 한 가지만 생각해야 한다. 나는 믿는다. 그러므로 말한다.

"내가 믿었으므로 말하였다"고 말하는 것이 믿음의 본질이다. 무엇인가를 진정으로 믿는다면 설령 박해를 받는다 해도 말해야 한다. 침묵하거나 타협한다면 그것은 안정이나 사람들의 인정 혹은 심지어 대중적 인기를 구하기 때문일 수 있다. 그러나 이것은 온전함이 결여되어 있고 비겁하며 불성실한 태도다. 바울과 종교 개혁가들과 하나님의 도구로 쓰임받은 모든 신실한 사역자처럼 우리는 어떤 대가를 치르더라도 믿은 대로 말해야 한다. 그런 용기가 있어야 한다.

바울 사도님, 혹시 목숨을 잃게 될까 두렵나요?
아니.

왜요?

바울은 14절에서 그 이유를 이렇게 설명한다. "주 예수를 다시 살리신 이가 예수와 함께 우리도 다시 살리사 너희와 함께 그 앞에 서게 하실 줄을 아노라." 만일 우리가 죽임을 당한다면 부활하게 될 것이다. 죽음의 쏘는 것이 이미 제거되었다.

나아가 바울은 "이는 모든 것이 너희를 위함이니 많은 사람의 감사로 말미암아 은혜가 더하여 넘쳐서 하나님께 영광을 돌리게 하려 함이라 그러므로 우리가 낙심하지 아니하노니"(15-16절)라고 말한다. 우리는 무슨 일이 있어도 더 많은 사람이 그리스도께 돌아올 것을 믿고 절대 굴복해서는 안 된다. 그들도 함께 영원히 할렐루야 찬송을 부르고, 영원히 감사를 돌리며, 하나님께 영광을 돌리게 될 것이다.

9장

장차 받을 영광이
이 세상의 어떤 영광과
비교할 수 없다는
확신

바울은 고린도후서에서 여러 장을 할애해 자신의 소명을 변호하고 사역에 대해 설명하였지만, 그가 시종일관 집중해서 강조하고 관심을 보인 핵심 사안은 주의 영광이었다. 그는 자신을 위해 스스로 변호한 것이 아니었다. 개인적 명성에 관심이 있었다면 바울은 이런 글을 쓰지 않았을 것이다. 그는 자기를 내세우고 자랑하는 어떤 것도 좋아하지 않았기 때문에 자신을 옹호하는 것을 싫어했다(고후 10:12-13, 11:16-21, 12:9). 그러나 그는 복음과 주의 명예와 영광을 위해 자신을 비난하는 자들에게 대응해야 했다.

그는 그리스도를 전하고자 끝까지 노력했다. "우리는 우리를 전파하는 것이 아니라 오직 그리스도 예수의 주 되신 것과 또 예수를 위하여 우리가 너희의 종

된 것을 전파함이라"(고후 4:5). 이 고린도후서 뒷장에서 바울은 선지자 예레미야의 글을 인용한다. "자랑하는 자는 주 안에서 자랑할지니라 옳다 인정함을 받는 자는 자기를 칭찬하는 자가 아니요 오직 주께서 칭찬하시는 자니라"(10:17-18). 모든 영광은 당연히 주의 것이다. "그의 이름이 홀로 높으시며 그의 영광이 땅과 하늘 위에 뛰어나심이로다"(시 148:13). 사도 바울처럼 이 원리를 잘 이해한 사람은 없었다. 그는 이 진리를 수없이 반복하고 강조했다. "그런즉 너희가 먹든지 마시든지 무엇을 하든지 다 하나님의 영광을 위하여 하라"(고전 10:31).

바울에게는 세상의 어떤 약속보다 영원한 영광의 약속이 더 중요했다. 그가 일생 온갖 고난과 어려움에도 흔들리지 않았던 이유는 이 소망이 있었기 때문이다. 이 점이 이 구절에 잘 드러난다. 영광은 고린도후서 3장 말미의 주제이며 바울은 4장 말미에서 다시 이 주제로 돌아간다. 바울은 영원한 영광이 이 세상에서 사역을 감당하며 겪는 모든 고난을 보상하고도 남는다는 사실을 알았다. "생각하건대 현재의 고난은 장차 우리에게 나타날 영광과 비교할 수 없도다"(롬 8:18). 그는 동일한 이 주제로 고린도후서 4장을 마무리한다.

"우리의 겉사람은 낡아지나 우리의 속사람은 날로 새로워지도다 우리가 잠시 받는 환난의 경한 것이 지극히 크고 영원한 영광의 중한 것을 우리에게 이루게 함이니 우리가 주목하는 것은 보이는 것이 아니요 보이지 않는 것이니 보이는 것은 잠깐이요 보이지 않는 것은 영원함이라"(16-18절).

바울은 새 언약의 진리, 새 언약의 사역, 신실하게 말씀을 선포할 때 하나님의 주권적 권능으로 무가치한 설교자의 삶에 풍성하게 나타나는 자비의 놀랍고 영광스러운 실체를 생각한다. 그리고 온갖 고난으로 멍들고 상한 와중에도 완전케 하는 고난의 힘을 받아들인다. 그는 이 모든 확신을 끝까지 버리지 않는다. 생사의 위협을 당할 때 항상 부활을 확신한다. 그가 이 모든 것을 감당하는 이유는 장차 받을 중하고 영원한 영광 때문이다.

서론에서 언급한 대로 이 세상에서 바울의 가슴에 메달을 달아준 이는 아무도 없었다. 하지만 바울에게는 이것이 아무 문제도 되지 않았을 것이다. 그는 그를 구원하신 주님이 주실 상급만 바라보았다. 그는 디모데에게 "이제 후로는 나를 위하여 의의 면류관이 예비되었으므로 주 곧 의로우신 재판장이 그 날에 내게 주실 것이며"(딤후 4:8)라고 말했다. 그는 주님께 "잘하였도다 착하고 충성된 종아"라는 칭찬을 듣기를 소망했고, 그분의 손에서 "지극히 크고 영원한 영광의 중한 것"을 받기를 원했다(고후 4:17).

이 구절에서 언급한 영광은 그리스도를 온전히 닮음으로 얻는 영광이다. 성경은 하나님이 지금도 모든 참된 신자를 그분의 아들의 모양대로 닮아가도록 하고 계시며, 그렇게 해서 우리 안에 그리스도의 영광을 드러내고 계신다고 말한다(롬 8:29). 고린도후서 3장 18절에서 바울이 설명하는 영광과 동일한 영광이다. "우리가 다 수건을 벗은 얼굴로 거울을 보는 것 같이 주의 영광을 보매 그와 같은 형상으로 변화하여 영광에서 영광에 이르니." 이것은 변화의 점진적 과정을 서술한 것으로 우리는 이런 과정을 거쳐 그리스도의 영광에 점점 더 깊이 참여하게 된다. 고린도후서 3장 18절에서 "변화하여"라고 번역된 단어는 마태복음 17장 2절에서 "변형되사"로 번역된 단어와 동일하다. 예수님이 그 영광을 드러내신 변화산의 일을 서술한 구절이다. "그들 앞에서 변형되사 그 얼굴이 해 같이 빛나며 옷이 빛과 같이 희어졌더라." 이 단어는 한 개인의 존재 전체가 완전히 달라지는 변화를 가리킨다.

변화산에서 예수님은 얼굴이 해같이 빛나셨지만, 시내산에서 내려오는 모세의 얼굴과 같지 않으셨다. 예수님의 빛나는 얼굴은 그 내면에서부터 빛났기 때문이다. 시간이 흐르면 퇴색하는 일시적인 빛남이 아니었다. 그분의 존재 자체가 품고 있는 영광이 밖으로 내비친 것이었고, 그분의 실제 본질이 드러난 것이었다. 태초부터 아버지와 함께 나누셨고 원래 그분의 것이었던 참된 영광이 계시된 것이었다(비교. 요 17:5).

우리도 장차 이 영광에 참여할 것이다. 이 영광은 당연히 하나님의 영광이다. 우리에게서 유래하였거나 우리에게 속한 영광이 아니다. 그러나 그리스도가 우리 안에 내주하시고 우리는 그분의 형상대로 닮아가고 있으므로 그분의 영광이 그 온전하심대로 우리를 통해 드러날 것이다. 바울이 골로새서 1장 27절에서 기도할 때 의도한 것이 바로 이것이다. 그는 하나님이 이방인에게 "너희 안에 계신 그리스도시니 곧 영광의 소망"인 비밀의 영광이 얼마나 풍성한지 알게 해달라고 기도했다. 에베소서 1장 18절에서 "성도 안에서 그 기업의 영광의 풍성함"에 대해 말할 때 바로 이 점을 염두에 두었다. 참된 신자라면 마땅히 품어야 할 소망이다. 무엇보다 우리는 "우리가 믿음으로 서 있는 이 은혜에 들어감을 얻었으며 하나님의 영광을 바라고 즐거워[한다]"(롬 5:2).

영광에서 영광에 이르는 변화가 더딜지 모른다. 때로 그 변화가 중단되었다는 의심이 생길지 모른다. 그러나 우리가 성화되는 과정은 드디어 우리가 구주를 얼굴과 얼굴로 만나는 날 완전하고 즉각적으로 완성될 것이다. "우리가 지금은 하나님의 자녀라 장래에 어떻게 될지는 아직 나타나지 아니하였으나 그가 나타나

시면 우리가 그와 같을 줄을 아는 것은 그의 참모습 그대로 볼 것이기 때문이니"(요일 3:2). 우리 안에서 이루어질 하나님의 이 최종적이고 즉각적인 사역의 완성이 바로 '영화'다. 우리가 하나님의 영광스러운 광채의 완전한 빛 가운데로 영원히 들어갈 때 이 영화가 완성될 것이다.

바울이 고린도후서 3장 말미와 4장 말미에서 언급한 영광의 약속이 바로 이것이다. 그리고 그는 바로 이 소망 때문에 "그리스도 예수 안에서 하나님이 위에서 부르신 부름의 상을 위하여"(빌 3:14) 끝까지 갈 수 있었다. 궁극적인 '상'은 그리스도 자신으로, 우리는 그분의 영광의 풍성함에 참여하게 된다.

그러므로 우리는 낙심하지 않을 것이다. 이런 확신을 가지고 살아간다면 변절하거나 악에 굴복하지 않을 것이다. 끝까지 충성하면 언젠가 영광 가운데 서서 "잘하였도다"라고 말씀하시는 주님의 칭찬을 들을 것이다.